Bernd Imgrund

111 Kölner Orte, die man gesehen haben muss

Mit Fotografien von Britta Schmitz

emons:

Bibliografische Information der Deutschen Bibliothek

Die Deutsche Bibliothek verzeichnet diese Publikation in der
Deutschen Nationalbibliografie; detaillierte bibliografische
Daten sind im Internet über http://dnb.d-nb.de abrufbar.

© Hermann-Josef Emons Verlag
Alle Rechte vorbehalten
Gestaltung: Ute Lübbeke
Kartographie: Udo Beha, Regine Spohner

Druck und Bindung: B.O.S.S Druck und Medien GmbH, Goch
Printed in Germany 2011
Erstausgabe 2008
ISBN 978-3-89705-618-3

Unser Newsletter informiert Sie
regelmäßig über Neues von emons:
Kostenlos bestellen unter
www.emons-verlag.de

Vorwort

Kennen Sie den Bauch der Deutzer Brücke? Sind Sie je durch die Höhenhauser Finnensiedlung mit ihrem Bullerbü-Charme spaziert? Und haben Sie schon einmal Kölns höchsten Berg, den Monte Troodelöh im Königsforst, erklommen?

Wenn nicht, dann bietet Ihnen dieses Buch die Möglichkeit, dies mit begleitenden Informationen und umfangreichem Kartenmaterial nachzuholen. Und das gleich 111 Mal!

In einer zweitausend Jahre alten Stadt findet man kaum einen Ort, der nicht eine Geschichte erzählen könnte. Bei der Auswahl dieser Orte haben wir versucht, jenseits der ausgetretenen Pfade zu wandeln. Die historischen Highlights Kölns finden sich in jedem Reiseführer, seltener hingegen liest man beispielsweise von den Dellbrücker Hallstattgräbern, vom Deutzer Flamingoweiher oder von der Porzer Germania-Siedlung mit ihrem außergewöhnlichen Ensemble von Arbeiter- und Meisterhäusern. Ein geschichtlich bedeutsamer, touristisch jedoch gänzlich unerschlossener Ort ist auch die Ecke Militärring und Berrenrather Straße, wo der Duffesbach in einer Betonröhre versinkt. Ohne diesen kleinen Fluss wäre Köln nicht dort gegründet worden, wo es auch heute noch liegt. Heutzutage verliert sich seine Spur an jener Straßenkreuzung; unterirdisch und unsichtbar durchfließt er die Stadt, um auf Höhe des Filzengrabens in den Rhein zu münden.

»111 Kölner Orte, die man gesehen haben muss«, das sind 111 schöne, schräge, schaurige Schauplätze, die den Blick auf diese Stadt erweitern. Viele von ihnen dürften auch gebürtigen Kölnern noch völlig unbekannt sein. In diesem Sinne: Nichts gegen den Dom, aber auch die Rheinkasseler St.-Amandus-Kirche (im Volksmund: Zum Dode Mann) ist einen Ausflug wert!

111 Orte

1 _____ Der Alte Kalker Friedhof
Morbider Charme zwischen Kloster und Polizeistation | 10

2 _____ Am Kümpchenshof
Jan und Griet und wo alles begann | 12

3 _____ Der Atombunker
Im Ernstfall wird auf den Gleisen campiert | 14

4 _____ Die Bachkreuzung
Die fleißige Strunde und der faule Bach | 16

5 _____ Der Barbarastollen
Schwarzes Gold unter dem Uni-Hauptgebäude | 18

6 _____ Der Barbarossaplatz
Historie und Hässlichkeit | 20

7 _____ Die Brücke am Aachener Weiher
Ein hölzerner Steg als Trittbrett der Korruption | 22

8 _____ Der Chargesheimerplatz
Unort für Kölns bedeutendsten Nachkriegsfotografen | 24

9 _____ Das Chinesenviertel
Hurra-Patriotismus in Neu-Ehrenfeld | 26

10 _____ Der Commonwealth-Ehrenfriedhof
Englischer Rasen auf dem Südfriedhof | 28

11 _____ Das Cranachwäldchen
Kugelhagel und ein wikingerhaftes Gelage | 30

12 _____ Der Dorfanger von Auweiler
Wo Köln Provinz ist | 32

13 _____ Das Dreikönigenpförtchen
Ein kleines Tor, das große Geschichte schrieb | 34

14 _____ Der Duffesbach
Wo Kölns wichtigster Wasserlauf im Untergrund versinkt | 36

15 _____ Das Duftmuseum
Dreihundert Jahre Kölnisch Wasser | 38

16 _____ Die Ebertplatz-Passage
Ein urbanes Nirwana | 40

17 _____ Das Eierplätzchen
Kubanische Musik und Basaltlava | 42

18 _____ Der EL-DE-Keller
Wie ein Einbruch dem Stadtrat Beine machte | 44

19 Die Elendskirche St. Gregor
Herr Neuhaus und sein Fisternöll | 46

20 Der Erich-Klibansky-Platz
Ein Brunnen erinnert an die einstige jüdische Gemeinde | 48

21 Der Fernwärmetunnel
Einmal so richtig »unten durch« sein | 50

22 Finkens Garten
Ananas-Salbei, Kaugummipflanze und Gummibärchengewächs | 52

23 Die Finnensiedlung
Bullerbü in Höhenhaus | 54

24 Der Fischmarkt
Von Feschwievern und geistlichen Grundstücksspekulanten | 56

25 Der Flamingoweiher
Wasserspiegel am Südostzipfel des Rheinparks | 58

26 Die Fühlinger Heide
Das Geheimnis des Blutbergs | 60

27 Das Geißbockheim
»Wollen Sie mit mir Deutscher Meister werden?« | 62

28 Der Gereonsdriesch
Maria, Gereon und der Mordhof | 64

29 Die Germania-Siedlung
Klassengegensätze und Architektur | 66

30 Der Geusenfriedhof
Protestanten in der katholischen Hochburg | 68

31 Die Glockenstube des Doms
Fledermäuse, Spinnen und der »Decke Pitter« | 70

32 Die Goldene Kammer von St. Ursula
Knochen, Knochen und nochmals Knochen | 72

33 Das Grabungsfeld unter St. Severin
Des Regenmachers unterirdische Keimzelle | 74

34 Die Greifvogel-Schutzstation
Eine Pension für Bussarde, Falken und Schnee-Eulen | 76

35 Das Gremberger Wäldchen
Wo Kölns älteste Buchen wachsen | 78

36 Der Großmarkt
Zwiebeln, Fisch und eine 132 Meter lange Parabel | 80

37 Die Hallstattgräber am Pilzweg
Prähistorische Hügel und ein silberner Sarg | 82

38 Der Hansasaal
Helden, Propheten und Kaufleute | 84

39   Der Heinrich-Böll-Platz
Ein Platz, der keiner sein darf | 86

40   Die Helios-Werke
Ein Leuchtturm fernab der See | 88

41   Hinter C&A
Ein Ort von absoluter Trostlosigkeit | 90

42   Der Hochbunker in der Elsaßstraße
Ein Wandbild und seine Geschichte | 92

43   Das Hotel im Wasserturm
En d'r Kayjass No. 2 | 94

44   Die Hühnergasse
Doornkaat-Cola und die Kießling-Affäre | 96

45   Die Humboldtsiedlung
Vom Fliegerhorst zum Wohnquartier | 98

46   Im Bauch der Deutzer Brücke
Spannbeton und Adenauergrün | 100

47   Die Indianersiedlung
Alternatives Leben am Grünrand der Großstadt | 102

48   Der Invalidendom
Louis XIV. und das Früh em Veedel | 104

49   Der Jüdische Friedhof in Bocklemünd
Kunstvolle Grabsteine und bedeutende Denkmäler | 106

50   Der Kalscheurer Weiher
Nilgänse, Kormorane und ein fantastischer Sonnenuntergang | 108

51   Das Kalte Eck
Totensteine am Rheinufer | 110

52   Der Karl-Berbuer-Platz
Ein Narrenschiff in mittelalterlichem Fahrwasser | 112

53   Der Katzenbuckel
Kleine Brücke mit großem Panorama | 114

54   Die Kiesgrube Meschenich
Spiegelndes Laichkraut, Ähriges Tausendblatt und Wasserpest | 116

55   Der Kreuzgang von St. Georg
Ein Friedhof für die Toten des 2. März 1945 | 118

56   Das Krieler Dömchen
Beten, Beichten und Richten | 120

57   Der Kronleuchtersaal
Wie der Kaiser zur Kloake kam | 122

58   Die Krypta von Groß St. Martin
Ein römisches Schwimmbad auf der alten Rheininsel | 124

59   Der Kunibertspütz
Wo die Kölnerinnen ihre Kinder bekommen | 126

60   Die Lindenthaler Kanäle
Eine Wasserstraße zwischen Innerem und Äußerem Grüngürtel | 128

61   Das Lommerzheim
Die kölscheste aller Kölschkneipen | 130

62   Die Madonna in den Trümmern
Große Kunst und private Andacht | 132

63   Die Mikwe
Das »lebendige Wasser« unter dem Rathausplatz | 134

64   Der Monte Klamotte
Ein Trümmerhügel und sein Spitzname | 136

65   Der Monte Troodelöh
Ein kölscher »Mount Everest« im Königsforst | 138

66   Das Naturtheater im Raderthaler Volkspark
Ein stilles Idyll unter gewaltigen Buchen | 140

67   Die Nikolauskapelle
Glaube, Schmuggel, Stapelrecht | 142

68   Das Oberlandesgericht
Trinkbrunnen, Aufzüge und eine elektrische Entstaubungsanlage | 144

69   Oliv in Wahnheide
Die Militärgeschichtliche Sammlung | 146

70   Die Palmenallee in der Flora
Wandeln unter Wedeln | 148

71   Die Pferderennbahn
Grüne Lunge des Kölner Nordens | 150

72   Die Plattform des KölnTriangle
Ein Panoramablick vom Sieben- bis zum Vorgebirge | 152

73   Die Poller Köpfe
Umspülte Landzungen, ohne die Köln nicht Köln wäre | 154

74   Das Prätorium
Die römische Machtzentrale am Rhein | 156

75   Der Preußen-Dellbrück-Weg
Ein Denkmal für den rechtsrheinischen Kultverein | 158

76   Der Räderraum der Schokoladenfabrik
Verwaiste Industriehistorie in der Südstadt | 160

77   Das Radstadion
Albert Richter, Radrennheld und Antifaschist | 162

78   Die Rheinau-Tiefgarage
Ein Tunnel im Überschwemmungsgebiet | 164

79 ____ Die Rheinkehlmauer
An der Wiege des Deutschen Schäferhundes | 166

80 ____ Die Rhododendron-Schlucht
Farbenpracht im alten Infanteriegraben | 168

81 ____ Das Rodenkirchener Kapellchen
Die Legende vom Kahn, der flussaufwärts schipperte | 170

82 ____ Das Römergrab von Weiden
Die besterhaltene Gruft nördlich der Alpen | 172

83 ____ Die römische Hafenstraße
Eine holprige Gasse aus schimmerndem Basalt | 174

84 ____ Der Rosengarten im Fort X
Eher Korallenriff als Blumenmeer | 176

85 ____ Die Ruine von St. Alban
Das »Trauernde Elternpaar« | 178

86 ____ Die Siedlung Wilhelmsruh
Eine Kolonie für die Zucker-Arbeiter | 180

87 ____ Die Spitze der Rheinauhalbinsel
Am Bug des Schokodampfers | 182

88 ____ Die Sprechecke im Stadtgarten
Ratlose Behörden und ein verwunschener Stein | 184

89 ____ St. Adelheid
Der misslungene »Dorfplatz« von Neubrück | 186

90 ____ Der Stammheimer Schlosspark
Auserlesene Skulpturen, aber kein Schloss | 188

91 ____ Der Stavenhof
Die berüchtigte Bordellmeile am Eigelstein | 190

92 ____ Die Südbrücke
Kleinvieh macht auch Mist | 192

93 ____ Der Südpark
Grüne Oase im Villenviertel | 194

94 ____ Der Thurner Hof
Wo Küchenschelle und Guter Heinrich gedeihen | 196

95 ____ Die Tiefgarage unter dem Dom
Antike Mauern und ein mittelalterliches Loch | 198

96 ____ Das Treppenhaus des Spanischen Baus
Ein Halbrund am Meistermann-Fenster | 200

97 ____ Das Ubiermonument
Kölns ältestes Bauwerk | 202

98 ____ Der Untere Scheuermühlenteich
Ein Dschungel am Rande der bergischen Heideterrasse | 204

99 _____ Die Villa Schröder
Wo die »Geburtsstunde des Dritten Reiches« schlug | 206

100 _____ Die Wachsfabrik
Wildwuchs, Künstlerateliers und zweihundert Jahre Industriegeschichte | 208

101 _____ Das Waldbad
Eine Dünnwalder Erfolgsgeschichte | 210

102 _____ Der Wasserfall im Volksgarten
Ein künstlicher Dschungel en miniature | 212

103 _____ Der Wasserturm der CFK
135 Jahre Soda in Kalk | 214

104 _____ Der Weißer Rheinbogen
Schwemmsand aus dem Holozän | 216

105 _____ Die Weiße Stadt
Sozialer Wohnungsbau im Bauhausstil | 218

106 _____ Die Westterrasse des Museum Ludwig
Auf Augenhöhe mit dem Domchor | 220

107 _____ Das Westwerk von St. Pantaleon
Theophanu, die kölsche Griechin | 222

108 _____ Der Wildpark Dünnwald
Urviecher mit empfindlichen Nasen | 224

109 _____ Die Zechenbrauerei
Sünner aus Kalk, Erfinder des »Kölsch« | 226

110 _____ Zum Dode Mann
Die St.-Amandus-Kirche in Rheinkassel | 228

111 _____ Das Zwischenwerk VIII b
Festungsmuseum und Skulpturenpark | 230

Stadtplan | 232

Übersichtsplan | 236

1 Der Alte Kalker Friedhof

Morbider Charme zwischen Kloster und Polizeistation

Der rechtsrheinische ehemalige Industrievorort Kalk ist nicht gerade gesegnet mit Grünflächen. Wer hier sein Kind spazieren fahren will, geht entweder in den kleinen Stadtgarten an der Hauptstraße oder er (bzw. sie) biegt in die Kapellenstraße ab. Denn dort, gleich neben dem Klarissenkloster, liegt hinter braunen Backsteinmauern und schmiedeeisernen Gittern eine verträumte grüne Oase.

Die Anlage geht zurück auf das Jahr 1856. Damals wurde die Kalker Kapelle zur Pfarrkirche erhoben, die katholische Pfarrgemeinde Kalk-Vingst entstand. Ein Jahr darauf eröffnete man den kommunalen Friedhof. Die Industrielle Revolution spülte in den folgenden Jahrzehnten so viele Menschen nach Kalk, dass mehrere Erweiterungen nötig wurden (1843: 96 Einwohner, 1880: 9.590). 1904 jedoch waren dann endgültig die letzten Platzreserven ausgeschöpft. Zum 1. November (Allerheiligen) wurde der alte Friedhof für Bestattungen geschlossen und der neue am Kratzweg im östlicheren Merheim eingeweiht. Aus demselben Jahr stammt übrigens der über vierzig Meter hohe Wasserturm (siehe Seite 214) am anderen, westlichen Ende von Kalk, der als letztes Relikt an die Ära der Chemischen Fabrik erinnert.

Heutzutage versprüht das Areal schräg gegenüber der Polizeistation einen morbiden Charme. Einige verwitterte, umgestürzte und zum Teil überwachsene Grabsteine haben sich über das Jahrhundert gerettet, im Schatten hoher Bäume sehen sie ihrem endgültigen Verfall entgegen. Relativ gut erhalten ist noch das 1871 errichtete Kriegerdenkmal im Eingangsbereich. Im pompösen Stil eines römischen Grabmals sollte es an die Gefallenen der Kriege von 1864, 1866 und 1870/71 erinnern, die zur Gründung des Deutschen Reiches führten. Die entsprechenden Schrifttafeln sind heute allerdings verschwunden, wie dem Monument ohnehin ein kurioser Zug anhaftet: Bei den erwähnten Feldzügen fiel kein einziger Kalker Bürger.

Adresse Kapellenstraße, direkt neben Nr. 51–55 (Klarissenkloster) | **ÖPNV** Bahn 1, 9, Haltestelle Kalk-Kapelle | **Tipp** Auf der Ecke Kapellen- und Kalker Hauptstraße liegt die sehenswerte Kalker Kapelle, wegen ihrer Madonna seit dem 17. Jahrhundert ein beliebter Wallfahrtsort.

2 Am Kümpchenshof

Jan und Griet und wo alles begann

Die Geschichte von Jan und Griet ist eine der beliebtesten Legenden Kölns. Dies erstaunt in mehrerlei Hinsicht: Zum einen war der berühmte Jan von Werth, dem am Alter Markt sogar ein monumentales Denkmal gewidmet ist, beileibe kein positiver Held. Ein Söldner und Kriegsherr war er, der während des dreißigjährigen Gemetzels von 1618 bis 1648 marodierend durch Europa zog. Und zum anderen handelt es sich bei seiner »Affaire« mit der schönen Griet um alles andere als eine Liebesgeschichte. Hier geht es vielmehr um den Hochmut, der vor dem Fall kommt, um späte Scham und billige Rache. Aber der Reihe nach.

Das kleine Schaustück von Jan und Griet wird alljährlich zum Karnevalsanfang auf der Severinstraße gegeben. Hier fand die Geschichte – glaubt man denn der Überlieferung – auch tatsächlich ihr Ende: Die alt gewordene und arm gebliebene Griet kauert am Straßenrand, während der zu Reichtum und Ansehen gekommene Jan hoch zu Ross in die Stadt einzieht. »Griet, wer et hätt gedonn!«, sagt der General, und seine einstige Angebetete antwortet: »Jan, wer et hätt gewoss!« Begonnen hatte jedoch alles am Kümpchenshof nahe dem heutigen Mediapark. Hier diente der aus Büttgen bei Neuss stammende Jan als Reitknecht und verliebte sich in jene bildhübsche Magd namens Griet. Seinen Heiratsantrag jedoch lehnte das ambitionierte Fräulein brüsk ab: »Was glaubst du, wer du bist?«, soll sie ihn angeblafft haben. Griet träumte stattdessen vom Prinzen auf dem weißen Pferd, von einem Mann, der »jet an de Fööss hät«. Jan verließ den Kümpchenshof und zog in den Krieg, der Rest ist bekannt.

Der historische Jan hatte im Übrigen wenig Glück mit den Frauen, vor allem mit seiner letzten, der jungen Gräfin Kuefstein. Im Februar 1652 erfuhr er aus abgefangenen Briefen, dass sie ihn schmählich mit anderen Männern betrog. Als sie dann auch noch schwanger wurde, befiel den Sechzigjährigen ein hohes Fieber. Ein halbes Jahr später, am 12. September, war er tot.

Adresse Kümpchenshof | **ÖPNV** Bahn 12, 15, Haltestelle Christophstraße/Mediapark | **Tipp** Von Jans alter Arbeitsstelle ist heutzutage nichts mehr zu sehen. Historisch hingegen: die Gaststätte Bei Lena, die sich allen Modernismen des Mediapark-Viertels widersetzt.

3 Der Atombunker

Im Ernstfall wird auf den Gleisen campiert

»Stell dir vor, es ist Krieg, und du kommst nicht mehr rein«, könnte man denken, wenn man durch den Atombunker Kalk-Post spaziert. Die gesamte U-Bahn-Anlage ist ein Relikt des Kalten Krieges der siebziger Jahre, als man noch damit rechnete, dass jederzeit »der Russe« käme. Hinter unscheinbaren blechernen Wandverkleidungen stecken massive Stahlschleusentore, die im Ernstfall geschlossen werden können. Dahinter, in einem kaum quadratmetergroßen Kämmerchen, steht dann der Schleusenwart und zählt: »1, 2, 3 ... 2.365.« Denn Platz ist hier für 2.366 Flüchtlinge, deren letzter der Zähler selbst wäre. Die Frage, was denn mit dem 2.367. geschehe, beantwortete ein freundlicher Führer von der Berufsfeuerwehr einst eindeutig: »Tja, Feierabend. Wer zuerst kommt, mahlt zuerst.«

Wem jedoch Einlass gewährt wird, der kommt in den Genuss eines ockergelb gestrichenen, verzweigten Geländes samt Operationssaal, Lebensmittellager für maximal vierzehn Tage und einem eminent wichtigen Luftkühlungssystem. Weil ein jeder Mensch ein Wärmekraftwerk mit einer Leistung von 100 Watt pro Stunde ist, kann es im Bunker binnen kürzester Zeit recht schwül werden. Im Ernstfall dürfen sich hier fünfzig Leute eine Kloschüssel teilen, hundertfünfzig Männer ein Urinal.

Auch der Rudolfplatz beherbergt übrigens eine solche Anlage, insgesamt können sich kölnweit rund achttausend Menschen Hoffnungen auf einen Bunkerplatz machen. Geschlafen wird unter anderem rechts und links der Kalker Gleisanlagen. Dort können ebenfalls Tore herabgelassen werden, und dazwischen passen 1.096 mausgraue Feldbetten. Die übrigen Schlafstätten verteilen sich auf abgestellte KVB-Bahnen und Aufenthaltsräume.

Die gesamte Anlage ist so funktional ausgerichtet, dass an keinerlei Freizeitgestaltung, die den sicherlich nicht leichten Alltag untertage etwas unterhaltsamer gestalten könnte, gedacht wurde: Es findet sich weder ein Video- noch ein Spiel- oder Fitnessraum.

Adresse U-Bahn-Station Kalk-Post | **ÖPNV** Bahn 1, 9, Haltestelle Kalk-Post | **Öffnungszeiten** In den Bunker gelangt man nur zu äußerst raren Gelegenheiten, etwa anlässlich von Bunkertouren der VHS. Die Gleise – potenzielle Schlafstätten – sind selbstverständlich frei zugänglich. | **Tipp** Vom Kalten Krieg in die Konsumwelt der Gegenwart führt ein Gang in die KölnArkaden.

4 Die Bachkreuzung
Die fleißige Strunde und der faule Bach

Kreuzen können sich Straßen oder Bahngleise, auch Pflanzen und Tiere kann man kreuzen. Wer hingegen von einer »Bachkreuzung« spricht, erntet zunächst einmal skeptische Blicke. Ist es doch gemeinhin so, dass ein Gewässer in das andere mündet und nicht darüber hinwegfließt. In Köln jedoch, genauer gesagt in Holweide, findet man einen solchen Ort: Hier kreuzen sich die Strunde und der Faulbach.

Die Strunde, einer von zweiunddreißig Kölner Bächen, diente jahrhundertelang als das wichtigste Fließgewässer des rechtsrheinischen Köln. Waren es zunächst vor allem Getreidemühlen, deren Räder mit der Kraft des bergischen Bächleins betrieben wurden, so kamen später auch Öl-, Loh-, Walk-, Säge- und Pulvermühlen hinzu. Über vierzig dieser Wasserwerke säumten zeitweise die Ufer, deren erstes nur zweihundert Meter hinter der Quelle in Herrenstrunden lag. Mit einigem Recht sprach deshalb der bergische Dichter Vinzenz Jakob von Zuccalmaglio (1806–1876) vom »fleißigsten Bach Deutschlands«. Mit der industriellen Nutzung einher ging jedoch die zunehmende Verschmutzung der Strunde, und hier beginnt auch die Geschichte des seltsamen Wasserkreuzes.

Die ungeklärten Abwässer der Betriebe führten zu einem rasanten Fischsterben, und auch als Trinkwasser oder zur Bewässerung der Felder konnte die Strunde bald nicht mehr genutzt werden. Darunter litten vor allem die Bürger von Mülheim, die ihren Durst mit dem Wasser des Baches stillten. Glücklicherweise gab es jedoch in Holweide einen sauberen Zulauf der Strunde, den Faulbach. Sein Name rührt daher, dass er im Gegensatz zu seinem fleißigen Bruder eben kein einziges Mühlrad antrieb. Und so entschloss man sich, die Strunde mittels einer Brücke über den Faulbach zu führen, sodass dieser ohne Verunreinigung gen Westen rinnen konnte. Fortan floss wieder klares, reines Wasser nach Mülheim, und der »faule Bach« gelangte zu nie gekanntem Ansehen.

Adresse Zwischen Schlagbaumsweg und A3 in Holweide | **ÖPNV** Bus 157, Haltestelle Schlagbaumsweg | **Tipp** Dem Lauf der Strunde folgend erreicht man nach hundert Metern die Herler Mühle. Heute ein Wohnhaus, diente sie noch nach dem Zweiten Weltkrieg als Getreidemühle.

5 Der Barbarastollen
Schwarzes Gold unter dem Uni-Hauptgebäude

Hunderttausende von Studenten sind über ihn hinweggelaufen, ohne auch nur zu ahnen, dass er existiert. Aber tatsächlich: Kaum zehn Meter unter dem Foyer der Uni-Aula befindet sich ein Bergwerk. Es ist keines, in dem je Kohle abgebaut wurde, diente es doch seit seiner Eröffnung im Jahr 1932 als Industriemuseum sowie als Schauraum für Studenten der Mineralogie und Geologie. Neben der Technik des Bergbaus wurden hier die harten Bedingungen der Arbeit unter Tage demonstriert.

Der Essener Zeichner und Graphiker Franz Holl verwirklichte seinen lang gehegten Bergwerksplan in den 1930er Jahren in einem leer stehenden Raum des Universitätskellers. Dort hinein baute er einen fünfundzwanzig Meter langen Stollen, die Bautechnik übertrug er von im Ruhrgebiet nach Originalen gefertigten Zeichnungen. Auch alle Einrichtungsgegenstände – Lore, Aufzug, Grubentelefon, Presslufthammer usw. – stammen aus ausrangierten Pütt-Beständen. Während des Krieges geriet das Kölner Schaubergwerk in Vergessenheit. Vermutlich war es ein Mitglied der Hausmeisterschaft, das in den 1960ern auf die Idee kam, jene hinter einem Regal versteckte Tür zu öffnen. Sein Erstaunen dürfte kaum geringer gewesen sein als das eines fündig gewordenen Archäologen.

Seit der Renovierung von 1995 sieht hier wieder alles so aus, als seien die Kumpels gerade in der Frühstückspause. Die Simulation ist tatsächlich perfekt: Die Betätigung des Notschalters bewirkt ein ohrenbetäubendes Geräusch, vom Grubentelefon aus kann angerufen werden, und an den Backsteinwänden hat Initiator Holl mithilfe von Teer Kohlenstaub befestigt, der auf ergiebige Adern schließen lässt.

Obwohl hier nie richtig malocht wurde, unterliegt der Barbarastollen als Teil des Instituts und der Poliklinik für Arbeitsmedizin, Sozialmedizin und Sozialhygiene doch dem Bergrecht, sodass auch im Sinne einer bergbehördlichen Zustimmung ein entsprechender Betriebsplan vorliegt.

Adresse Albertus-Magnus-Platz | **ÖPNV** Bahn 9, Haltestelle Universität | **Öffnungszeiten** Nach Absprache mit dem Institut für Arbeitsmedizin, Tel. 0221/478-44 51 | **Tipp** Seit Urzeiten gilt den Untertage-Kumpels Schnaps als ideales Bindemittel für den eingeatmeten Kohlenstaub. Empfehlenswert wäre also ein Gang auf die nahe Zülpicher Straße mit ihren zahllosen Kneipen.

6___ Der Barbarossaplatz
Historie und Hässlichkeit

Er trägt einen hehren Namen, der Barbarossaplatz. Der Staufer Friedrich I., wegen seines Gesichtshaares »Rotbart« genannt, war von 1155 bis zu seinem Tod 1190 Kaiser des Heiligen Römischen Reiches. Da die Benennung der Kölner Ringe von Süden nach Norden der Chronologie der deutschen Herrschergeschlechter folgt, liegt sein Platz heute zwischen Salier- und Hohenstaufenring.

Durch die Schleifung der alten Stadtmauer gegen Ende des 19. Jahrhunderts war um die dicht bebaute Stadt herum plötzlich Raum für einen repräsentativen Boulevard frei geworden. Den darauf folgenden Wettbewerb gewann der Stadtplaner Josef Stübben, der sich bei seinem Entwurf an Vorbildern wie der Wiener Ringstraße und den Pariser Boulevards von Georges-Eugène Haussmann orientierte. Wer sich historische Postkarten ansieht, wird den Barbarossaplatz jedoch nicht wiedererkennen. Schon das Wort »Platz« scheint wenig angebracht, eher handelt es sich um eine unübersichtliche, geradezu chaotische Kreuzung. Dieses Ergebnis einer überaus misslungenen Nachkriegs-Stadtplanung studiert man am besten von der Bahnhaltestelle der KVB aus. Rundum abgeschnitten von Bürgersteigen genießt man dort einen atemberaubend hässlichen Rundblick. Charakterlose Gewerbe- und Hotelbauten bestimmen das Bild, von der einstigen Gründerzeitglorie ist nicht einmal ein matter Abglanz geblieben.

Nichtsdestotrotz ist der Barbarossaplatz ein geschichtsträchtiger Ort. Zug-Nostalgiker pflegen die Erinnerung an den alten Südbahnhof am Westende des Platzes. Von 1898 bis 1986 verkehrte hier die sogenannte »Vorgebirgsbahn« der KBE, der Köln-Bonner Eisenbahn. Wie heutzutage die KVB-Linie 18 verlief sie parallel zur Luxemburger Straße, die schon zu Römerzeiten die Städte Köln und Trier miteinander verband. Und auch Fastfoodfreunde dürfen sich hier auf historischem Terrain fühlen: Denn der McDonald's am Barbarossaplatz, eröffnet 1974, war der erste von ganz Köln.

Adresse Zwischen Salier- und Hohenstaufenring | **ÖPNV** Bahn 12, 15, 16, 18, Haltestelle Barbarossaplatz | **Tipp** Auf eine gelungenere Platzgestaltung stößt man am nahen Eifelplatz mit lauschiger Gastronomie und dem angrenzenden Volksgarten.

7 Die Brücke am Weiher

Ein hölzerner Steg als Trittbrett der Korruption

Sie hat noch nicht einmal einen Namen, die Brücke am Ostasiatischen Museum. Über dreißig Jahre ist sie jetzt alt, Zeit genug eigentlich, um sich eine Bewidmung zu verdienen. Aber die ursprüngliche Konstruktion aus Bohlen und Rundhölzern, die den Aachener Weiher vom Zierbecken vor dem Museumscafé trennte, war dafür wohl stets zu unscheinbar. Und dennoch: Ein Mal zumindest stand sie im Zentrum des öffentlichen Interesses. In der Nacht zum 7. Dezember 1998 nämlich begann mit einer Razzia jene Affäre, die sich in der Folge zum größten Korruptionsskandal der Kölner Nachkriegsgeschichte auswachsen sollte. Zweihundert Beamte einer Kripo-Sonderkommission durchsuchten im Morgengrauen einundfünfzig Firmen und Privathaushalte, zweiundzwanzig städtische Sachbearbeiter und zwei Unternehmer wurden festgenommen.

Der Fall der kleinen Brücke am Weiher belegte geradezu exemplarisch, wie dicht das Netz aus Schmiergeldern und Vorteilsnahme gewebt war. Acht Jahre lang hatte der immer selbe Sachbearbeiter die immer selbe Firma mit der Wartung der Anlage beauftragt. Zweimal im Jahr wurden jeweils 18 bis 20 der 175 Bohlen ausgewechselt, eine Anzahl, die genau berechnet war. Denn so blieb der Preis stets unter der Marge von 10.000 DM, deren Überschreitung eine deutlich aufwendigere Ausschreibung erfordert hätte.

Umso skandalöser wurde die Geschichte angesichts der Tatsache, dass für den Brückenbau ursprünglich tropisches Bongossiholz verwendet worden war. Denn Bongossi gilt auch ohne Imprägnierung als nahezu unverwüstlich. Das am Aachener Weiher verwendete Ersatzholz, heimische Eiche, kann da nicht einmal ansatzweise mithalten. Als die Konstruktion marode wurde, avisierte das Brückenamt einen Neubau auf der Basis von Stahl und Beton. Der schnöde Plan stieß auf Widerstand, aber leider scheint sich hier ein elender Kompromiss anzubahnen. Zur Zeit (Stand: Dezember 2011) führt ein Behelfssteg über den Weiher.

Adresse Aachener Weiher | **ÖPNV** Bahn 1, 7, Haltestelle Universitätsstraße; Bus 136, 146, Haltestelle Moltkestraße | **Tipp** Das Ostasiatische gilt als eines der schönsten Museen der Stadt. Neben der Sammlung fernöstlicher Kunst besticht auch der kubische Gebäudekomplex.

8 Der Chargesheimerplatz

Unort für Kölns bedeutendsten Nachkriegsfotografen

Eine Stadt mit zweitausendjähriger Geschichte hat allzu viele Söhne und Töchter, die eine eigene Platzbewidmung verdienten. Und deshalb muss eben heutzutage manchmal ein Zwitter, ein verbreiterter Durchgang oder Gehweg, herhalten, um jemanden zu ehren. So geschehen im Falle des Fotografen Carl-Heinz Hargesheimer, Künstlername Chargesheimer (1924–1971).

Heterogener, unruhiger und verbauter könnte ein Ort kaum sein. Handelt es sich doch eigentlich nur um eine kaum zehn Meter breite Furt, die einzig dem Zweck dient, Menschen gen Kathedrale oder Hauptbahnhof zu spülen. Nach Süden hin ragt die Mauer zur Domplatte auf, die den Platz zugleich vom Verkehr der Trankgassenunterführung abtrennt. Gen Norden begrenzt das Restaurant des Alten Wartesaals das Terrain. Und zu allem Überfluss wird der Platz auch noch durch eine Stufe hinunter zur Gastronomie in seiner Mitte zerschnitten.

Chargesheimer, so meinten bei der Einweihung am 20. Oktober 2006 die Kritiker, hätte einen anderen Ort verdient gehabt. In der Nähe der alten Straße Unter Krahnenbäumen zum Beispiel, wo sein berühmtester Fotoband angesiedelt ist. Seine Aufnahmen von Feiern, Prozessionen und alltäglichen Straßenszenen aus den 1950er Jahren dokumentieren eine untergegangene Zeit. Es sind realistische Studien aus dem Milieu der »kleinen Leute« im Eigelsteinviertel. Der Band, veröffentlicht 1958 mit einem Vorwort von Heinrich Böll, erschien beinahe zeitgleich zur Zerstörung von »UKB«, wie das Sträßchen im Volksmund bis heute heißt. Die ab Mitte der 1950er Jahre entstandene Nord-Süd-Fahrt riss es auseinander und veränderte die alte Wohnstruktur bis zur Unkenntlichkeit.

Kölns bedeutendster Fotograf der Nachkriegszeit starb an der Jahreswende 1971/72 unter ungeklärten Umständen. Heute verweist eine kleine Gedenktafel am Alten Wartesaal auf seinen Platz, der kein Platz ist.

Adresse Chargesheimerplatz, zwischen Trankgasse und Altem Wartesaal | **ÖPNV** Bahn 5, 16, 18; Bus 132, jeweils Haltestelle Dom/Hbf. | **Tipp** Heinrich Böll, Kölns Literatur-Nobelpreisträger, steuerte Texte zu mehreren Bildbänden von Chargesheimer bei. Der Heinrich-Böll-Platz (siehe Seite 86) liegt ganz in der Nähe zwischen Museum Ludwig und den Bahngleisen.

9 Das Chinesenviertel
Hurra-Patriotismus in Neu-Ehrenfeld

Der fast dreieckige Takuplatz wird umfasst von der gleichnamigen Straße sowie der Iltis- und der Lansstraße. »Taku«, »Lans«, »Iltis« – seltsame Namen sind das, scheinen sie doch zum Teil nichts zu bedeuten und schon gar nicht zusammenzupassen. Und doch bilden sie ein thematisches Ensemble.

Es geht zurück auf den sogenannten »Boxeraufstand« in China und seine Niederschlagung durch die europäischen Kolonialmächte im Jahr 1900. Als auch Deutschland angeboten wurde, mit von der Partie zu sein, schlug Kaiser Wilhelm II. sofort ein, sah er doch hier die Chance, sich im Konzert der »Großen« zu etablieren. Im Juni griff das deutsche Kanonenboot »Iltis« in das Kriegsgeschehen ein. Unter seinem Kapitän Wilhelm Lans wurden die chinesischen Taku-Forts am Fluss Beihe bombardiert. Anlässlich der Verabschiedung weiterer Truppen am 27. Juli 1900 hielt der Kaiser seine berüchtigte »Hunnenrede«, in der es unter anderem hieß: »Kommt ihr vor den Feind, so wird er geschlagen. Pardon wird nicht gegeben, Gefangene nicht gemacht.« Der deutsche Hurra-Patriotismus vor dem Ersten Weltkrieg hinterließ seine Spuren auch in Köln. 1913, ein Jahr vor dem Ausbruch, benannte man drei neue Straßen in Ehrenfeld nach dem damaligen Kapitän, seinem Boot und den zerstörten chinesischen Befestigungsanlagen.

Die Bebauung des Ehrenfelder Areals hatte um 1902 herum begonnen, um für die Industriearbeiterschaft günstigen Wohnraum zu schaffen. Unter Berücksichtigung wirtschaftlicher, gesundheitlicher und ästhetischer Gesichtspunkte wurde die Siedlung in den 1920er Jahren vollendet. Heute gilt sie als vorbildliches Beispiel für das Engagement der Kölner Genossenschaften, die ansehnliche Wohnvororte für die Unterschicht planten und bauten. Die martialische Namenshistorie hat, in Köln nicht überraschend, auch folkloristische Spuren hinterlassen: Seit 1971 verfügt das Takuviertel über einen eigenen Karnevalsverein, die »Ihrefelder Chinese«.

Adresse Takuplatz | **ÖPNV** Bahn 5, Haltestelle Takuplatz | **Tipp** Bei gutem Wetter wird auf der Platzmitte dem Pétanque gefrönt. Zu einem kleinen Spaziergang lädt das in unmittelbarer Nähe gelegene Takufeld.

10 — Der Commonwealth-Ehrenfriedhof

Englischer Rasen auf dem Südfriedhof

Der Kölner Südfriedhof wirkt auf den ersten Blick so gepflegt wie auf den zweiten. Und dennoch enthält er ein Areal, das noch ein wenig akkurater daherkommt als alle anderen Teile. Denn auf dem Commonwealth-Ehrenfriedhof in Flur 40 scheinen die die Grabsteine einfassenden Beete wie mit dem Winkelmaß gestochen. Und die Bäume entlang den Grabreihen stehen dermaßen exakt in einer Reihe, dass selbst die Grenadier Guards, die bärenfellbemützten Leibgardisten der englischen Königin, davor den Hut ziehen müssten.

Der Südfriedhof, angelegt in den Jahren 1899 bis 1901, ist mit seinen 63 Hektar heutzutage der größte Friedhof der Stadt. Zunächst diente er vor allem der Entlastung des Melatenfriedhofs. Gestaltet wurde er nach Plänen des Gartenarchitekten Adolf Kowallek, 1887 bis 1902 Kölner Gartenbaudirektor, der hier auch begraben liegt (Flur 2). Der englische Ehrenfriedhof findet sich auf dem ersten, 1915 nötig gewordenen Erweiterungsgelände. Im Gegensatz etwa zu den italienischen Soldatengräbern gehören diese 1,8 Hektar nicht der Stadt Köln. Großbritannien erwarb das Terrain 1922 während der britischen Besatzung, um hier seine gefallenen Soldaten und zivilen Kriegsopfer zu bestatten. Bis heute unter britischer Obhut, wird es von der Commonwealth War Graves Commission instand gehalten. Es gleicht deshalb weitgehend jedem anderen englischen Militärfriedhof: Um ein Hochkreuz an der Mittelachse gruppieren sich Reihen einheitlich weißer, schlicht gestalteter Grabplatten aus englischem Portlandkalkstein. Die Isle of Portland lieferte unter anderem auch das Baumaterial für die Londoner Saint Paul's Cathedral und das Hauptquartier der UNO in New York.

Für Bestattungen geschlossen wurde der Friedhof kurz nach dem Zweiten Weltkrieg. Insgesamt liegen hier dreitausend Menschen begraben.

Adresse Höninger Platz in Zollstock | **ÖPNV** Bahn 12, Haltestelle Zollstock/Südfriedhof | **Öffnungszeiten** Nov.–Feb. 8–17, März 8–18, April–Sep. 7–20, Okt. 7–19 Uhr | **Tipp** Auf dem Südfriedhof liegt eine Reihe berühmter Kölner begraben, unter anderem der Komponist Karl Berbuer (Flur 83), der langjährige Fortuna Köln-Präsident Jean Löring (Flur 219) und die Boxlegende Peter Müller (»Die Aap«, Flur 3).

11 Das Cranachwäldchen

Kugelhagel und ein wikingerhaftes Gelage

Wer das Cranachwäldchen auf dem Stadtplan sucht, entdeckt einen grünen Flecken, eingeklemmt zwischen Rhein und Niehler Hafen. Die abgeschiedene Lage macht es attraktiv für FKK-Freunde, aber auch Sonntagsausflügler verlustieren sich hier gern. In früheren Jahrhunderten rechnete man das Cranachwäldchen zur Mülheimer Heide, so genannt nach dem gegenüberliegenden Stadtteil. Seinen eigenen Namen verdankt der verwunschene Ort keineswegs dem berühmten Maler, sondern einem preußischen Offizier. Im 19. Jahrhundert nämlich lag hier ein Exerzierplatz mit bis zu fünfundzwanzig Schießständen. Gar nicht erfreut darüber waren die umliegenden Bauern, denen nicht selten die Kugeln um die Ohren flogen. Nach verstärkten Protesten befahl der Gouverneur der Region 1878, eine Wand aus Schwarzpappeln als Kugelfang anzupflanzen. Der Name des Mannes: Lucas von Cranach (1818–1894).

Am 5. Juli 1926 geriet das Wäldchen gar europaweit in die Schlagzeilen: Auf Höhe der Südbrücke hatte sich ein Schleppkahn »umgedreht« und war gesunken. Nicht aber seine Ladung, die aus hundert Fässern mit je tausend Litern Wein bestand. Auf der Höhe des in einer Rheinbeuge liegenden Cranachwäldchens trieben sie aufs Ufer zu und konnten an Land gezogen werden. Zeitzeugen berichten, dass sich ganze Menschenkarawanen auf den Weg machten, ausgerüstet mit allen Behältnissen, die sie aufbieten konnten. Viele der Fässer wurden an Ort und Stelle aufgemacht, es entwickelte sich ein wüstes Weinfest mit geradezu wikingerhaften Zügen: Ließen sich die Spundlöcher nicht öffnen, wurde dem Fass kurzerhand der Boden ausgeschlagen. Über viertausend Liter Wein sollen an jenem Tag versoffen worden sein, und vom Cranachwäldchen bis nach Niehl war das Ufer übersät mit Schnapsleichen. Noch bis in die Nachkriegszeit dienten die alten Schießstandswälle den Kindern der Umgegend als Schlittenpisten. Bis 1971: Für die Anlage neuer Hafenbecken wurde das Gelände komplett planiert.

Adresse Zwischen Niederländer Ufer und Rhein | **ÖPNV** Bahn 13, 18, Haltestelle Slabystraße, Bus 140, Haltestelle Pasteurstraße | **Tipp** Eine Besichtigung wert ist der Niehler Hafen mit seinen großen Schiffen, Verladekränen und Containerfeldern. Fast scheint es, als wehe einem hier eine steife Meeresbrise um die Ohren.

12 Der Dorfanger von Auweiler

Wo Köln Provinz ist

Spaziert man als Städter durch Auweiler, ist man zunächst irritiert. Irgendetwas fehlt hier, sagt man sich, bevor man realisiert: Tatsächlich, in diesem Dorf gibt es kein einziges Hochhaus und keine einzige Ampel!

Kein anderer Kölner Vorort hat seine ländliche Struktur so bewahrt wie dieses am nordwestlichen Stadtrand gelegene Dörfchen. Am deutlichsten tritt dies auf dem zentralen Platz, dem idyllischen Dorfanger, zutage. Das grüne Karree wird von Bäumen gesäumt, und für die zahlreichen Dorffeste steht ein großzügiger Pavillon bereit. Der Platz entstand, so vermuten Historiker, durch die Zuschüttung ehemaliger Teiche, und auch bei seiner Randbebauung im 18. Jahrhundert scheint man sehr gezielt vorgegangen zu sein. Rundherum steht eine Hofanlage neben der anderen, ergänzt durch kleine, backsteinerne Bauernhäuschen. Das pittoreske Ensemble wird ergänzt durch die über zweihundert Jahre alte Kapelle Maria Virgo, in der gerade einmal zwölf Menschen einen Sitzplatz finden.

Der bekannteste der Auweiler Höfe ist der Pohlhof. Er geht auf das Jahr 1867 zurück, erhielt seinen jetzigen Namen allerdings erst in den 1960ern: »Pohl« bedeutet so viel wie »stehendes, unreines Wasser« und lehnt sich damit an den ursprünglichen Zustand des Platzes an. Wer sich hier niederlässt, wird das Gegacker von Hühnern, aber kaum einmal ein Auto brummen hören. Auch die nächsten Industrieanlagen und Autobahnen sind weit genug entfernt, um eine frappierende, für die Großstadt völlig untypische Stille genießen zu können. All zu lange ist es auch wirklich noch nicht her, dass man hier ein Kölner Kennzeichen für den Trecker bekam. Auweiler gehörte seit dem Mittelalter zum Herzogtum Berg, bevor die Franzosen es dem Kanton Dormagen zuschlugen. Kölner ist man hier erst seit der Eingemeindung im Jahr 1975.

Adresse Zwischen Doktorshof, Pohlhof- und Auweiler Straße | **ÖPNV** Bus 126, Haltestelle Auweiler | **Tipp** Auf dem Gebiet von Auweiler und Esch verlief einst ein Rheinarm, der große Mengen Kiesel hinterließ. Ein beliebtes Naherholungsziel ist heutzutage der Escher See, eine renaturierte Kiesgrube.

13_Das Dreikönigenpförtchen

Ein kleines Tor, das große Geschichte schrieb

Wer dieses kleine Portal an der Plektrudengasse durchschreitet, wandelt auf königlichen Spuren. Denn es ist auf das Engste verbunden mit dem wohl wichtigsten Ereignis der Kölner Stadtgeschichte: der Überführung der Gebeine von Kaspar, Melchior und Balthasar.

Der Kölner Erzbischof Rainald von Dassel hatte Kaiser Barbarossa auf seinem Feldzug nach Mailand begleitet. Als Belohnung erhielt er nach erfolgreicher Belagerung die bis dato in Italien beheimateten heiligen Knochen. Am 23. Juli 1164, nach einer sechswöchigen Reise über die Alpen, wurden sie durch das Tor an St. Maria im Kapitol feierlich in die Stadt getragen. Um dem herausragenden Ereignis Tribut zu zollen, sprach man fortan vom Dreikönigenpförtchen. Besonderer Beliebtheit erfreute sich seitdem auch der Erzbischof, der seine Verfolger listenreich hatte täuschen müssen. Angeblich hatte er sogar die Hufeisen der Pferde verkehrt herum anschlagen lassen. Wie eh und je führt das Törchen auch in unserer Zeit in den Hof der Kirche St. Maria im Kapitol. Heute laden einige Bänke zur Erholung ein, und fast scheint es, als würde an diesem beschaulichen Platz der Großstadtlärm zwischen Heumarkt und Nord-Süd-Fahrt einfach absorbiert.

Da stört es dann auch nicht, dass beinahe jedes Detail der Geschichte ins Reich der Legende verwiesen werden muss. Weder handelte es sich damals um die Überreste jener drei Zeugen von Christi Geburt, noch waren sie »Könige«. Die Bibel spricht lediglich von Magiern oder Sterndeutern, zum Hochadel zählte man sie erst ab dem 9. Jahrhundert. Und auch das Dreikönigenpförtchen ist nicht das, was es einmal war: 1310 wich das Ursprungstor einem gotischen Neubau, in dessen Gehäuse über dem Durchgang nun Steinfiguren an die legendäre Überführung erinnerten. Und der totalen Zerstörung im Zweiten Weltkrieg folgte eine neuerliche Wiedererrichtung. Aber wie heißt es sinngemäß in einem berühmten Western? – Wenn die Legende besser ist als die Wahrheit, dann druck die Legende!

Adresse Zwischen Plektrudengasse und Lichhof | **ÖPNV** Bahn 1, 9; Bus 132, 133, jeweils Haltestelle Heumarkt | **Tipp** Eine Besichtigung von St. Maria im Kapitol, einer der schönsten und bedeutendsten romanischen Kirchen Kölns, sollte auf jeden Fall angeschlossen werden.

14 Der Duffesbach

Wo Kölns wichtigster Wasserlauf
im Untergrund versinkt

Die Römer hätten Köln letztlich überall am Rhein bauen können,
zum Beispiel in Düsseldorf. Dass sie es auf der Höhe von Fluss-
kilometer 688 taten, hatte vor allem zwei Gründe: die vorgelager-
te Flussinsel (heute Altstadt, Martinsviertel) und den Duffesbach.
Beide boten an dieser nordöstlichen Grenze des Reiches natürliche
Schutzwälle. Und so mutet es eigentlich frevelhaft an, dass man von
diesem für die Stadt so eminent wichtigen Gewässer heutzutage
nichts mehr sieht.

Die letzte Spur des Bächleins verliert sich an der Kreuzung Berrenrather und Militärringstraße, an der südöstlich-stadtauswärtigen
Ecke. Dort verschwindet der längst kanalisierte Duffesbach in einer
von Brennnesseln überwucherten Röhre und unterfließt Klettenen-
berg und die Innenstadt, um auf der Höhe des Filzengrabens in
den Rhein zu münden. Zu beobachten ist dies allerdings nur bei
extremem Niedrigwasser von der Spitze der Rheinauhalbinsel aus.

Nach den Römern nutzten mittelalterliche Handwerker wie
die Gerber, Walker und Färber das Wasser des in Knapsack ent-
springenden Bächleins. Seit der Franzosenzeit (1794–1814) zeugen
Straßennamen wie Rothgerber-, Blau- und Mühlenbach von dieser
Tradition. Wer allerdings heute von »den Bächen« spricht, weiß oft
nicht, dass hier eigentlich nur ein einziger, nämlich der Duffesbach,
Pate stand.

Nicht selten kam es zu juristischen oder gar militärischen Aus-
einandersetzungen um das Flüsschen. Historisch belegt ist etwa
der »Hürther Krieg« von 1560. Weil die dortigen Bauern das Wasser über das erlaubte Maß hinaus auf ihre Felder abgeleitet hatten,
sandten die Kölner eine Verhandlungsdelegation ins Vorgebirge. Die
Hürther Burgherren setzten diese jedoch kurzerhand fest, um sich
bald darauf einer tausend Mann starken Kölner Truppe gegenüber-
zusehen. Hürth kapitulierte kampflos.

Adresse Ecke Berrenrather und Militärringstraße | **ÖPNV** Bahn 18, Haltestelle Klettenbergpark; Bus 978, Haltestelle Scherfginstraße | **Tipp** Ein paar Meter weiter liegt ein Absatzbecken der alten römischen Wasserleitung. Durch Verringerung der Fließgeschwindigkeit lagerten sich hier Schwebstoffe ab, das Wasser wurde geklärt.

15 Das Duftmuseum

Dreihundert Jahre Kölnisch Wasser

Wenn Privatfirmen ihr eigenes Museum begründen, hat dies oft ein Geschmäckle. Hier stellt jemand seinen alten Ramsch aus, um den Absatz des Produkts zu befördern, munkelt dann so mancher. Im Fall des Duftmuseums im Farina-Haus wird man jedoch eines Besseren belehrt. Denn was hier mit viel Liebe, Akribie und einem enzyklopädischen Willen zusammengetragen wurde, riecht schon fast nach einer kompletten Kulturgeschichte der Parfümherstellung.

Kein Wunder, schließlich steht in Köln die älteste Parfümfabrik der Welt. Man schrieb das Jahr 1708, als der Parfümeur Johann Maria Farina einen neuen Duft kreierte, der ihn »an einen italienischen Frühlingsmorgen« erinnerte. Einige Jahre später taufte er das Elixier zu Ehren seiner neuen Heimatstadt auf den Namen »Eau de Cologne«. Es begann ein Siegeszug sondergleichen, Köln avancierte zur Dufthauptstadt des europäischen Rokoko.

Aber wer Erfolg hat, dem sind schnell die Plagiateure auf den Fersen. Jeder halbwegs begabte Panscher irgendwo in Deutschland wollte plötzlich sein eigenes Kölnisch Wässerchen produzieren. Besonders Findige gingen sogar so weit, Gesellschafterverträge mit italienischen Familien des Namens Farina zu schließen, um dem Original möglichst nahezukommen. Und so entstanden beispielsweise Parfümgeschäfte wie »Johann Maria Farina gegenüber dem Altenmarkt« oder »Johann Martino Farina gegenüber dem Jünglings-Platz«.

Die Ausstellung gegenüber dem Gülichplatz dokumentiert auf drei Etagen die wechselhafte Geschichte des Hauses Farina, mittlerweile seit acht Generationen in Händen der Familie. Besonders spannend ist ein Gang in die vielfach verschachtelten Kellerräume. Gläserne Destillierkolben, Kupferkessel und Flakons veranschaulichen den Produktionsprozess. Und ein Zedernholzfass von 1723 zeugt davon, dass es nicht nur der Wein und der Whiskey sind, die reifen müssen.

Adresse Obenmarspforten 21, gegenüber Gülich- und Rathausplatz | **ÖPNV** Bahn 1, 7, 9, Haltestelle Heumarkt; Bus 132, Haltestelle Rathaus | **Öffnungszeiten** Mo–Sa 10–18, So 11–16 Uhr | **Tipp** Wer seine Nase noch tiefer in die Welt der Gerüche stecken möchte, dem sei der Riechgarten von Finkens Garten in Rodenkirchen empfohlen (siehe Seite 52).

16 __ Die Ebertplatz-Passage

Ein urbanes Nirwana

Wer, zum Beispiel vom Eigelstein aus, den Ebertplatz betritt, wähnt sich in einem Plattenbaurevier aus vergangenen DDR-Zeiten. Sämtliche Aufbauten werden dominiert von jenen altbekannten Betonplatten mit eingelassener Kieseloberfläche. Scheinbar willkürliche Terrassierungen und in der Steinwüste verloren wirkende Blumenrabatten gerieren ein optisches Chaos. Und dann ist da noch diese Unterführung am Südende, ein schummriger Ort, den man nach Einbruch der Dunkelheit nicht gerne betritt. Immer wieder werden Stimmen laut, die die Ebertplatz-Passage zum Teufel und etwa durch ein Parkhaus ersetzt wünschen.

Aber in all seiner Hässlichkeit hat dieser Ort inzwischen auch historische Patina angesetzt und einen gewissen Charme entwickelt. Nicht zuletzt liegt das an der so kruden wie urbanen Mischung, die heutzutage die kleinen Geschäftsräume der Passage bevölkert. Wer in den Tunnel eintaucht, passiert ein Modegeschäft, einen Laden für Bilderrahmen, Kunstgalerien und zwei Kneipen, die noch nie das Licht der Sonne gesehen haben. Wenn hier die Tische vor die Tür gestellt werden, öffnet Kölns dunkelster und ungewöhnlichster Biergarten seine Pforten.

Angelegt wurde die Passage als größtenteils unterirdische Verbindung zwischen dem Eigelstein und der Neusser Straße. Seit seiner Umgestaltung in den 1970er Jahren ruht der Ebertplatz wie eine große, isolierte Verkehrsinsel zwischen den ihn umgebenden Straßenzügen. Hier treffen die Ringe, die Riehler und die Neusser Straße sowie die Nord-Süd-Fahrt aufeinander. So verbaut er heute wirkt, so wechselhaft ist auch seine Namenschronik. Nach der Schleifung der Stadtmauer wurde er zunächst »Deutscher Platz« getauft, um dann in der Weimarer Zeit zum »Platz der Republik« zu mutieren. Ab 1933 hieß er für zwölf Jahre »Adolf-Hitler-Platz«, bevor man ihn in der Nachkriegszeit nach dem ersten deutschen Reichspräsidenten benannte.

Adresse Ebertplatz | **ÖPNV** Bahn 12, 15, 16, 18, Haltestelle Ebertplatz | **Tipp** Durch die Eigelsteintorburg gelangt man in das lebhafte Viertel zwischen Eigelstein, Weidengasse und Gereonswall. Dort findet sich auch das mittelalterlich wirkende Gässchen Im Stavenhof (siehe Seite 190).

17   Das Eierplätzchen
Kubanische Musik und Basaltlava

Eigentlich ist er namenlos, der kleine Platz in der Südstadt. Die Bezeichnung »Eierplätzchen« entstammt dem Volksmund und hat sich über die Jahre zwar eingebürgert, es bislang aber noch nicht auf ein Straßenschild geschafft. Wer sich allerdings fragt, woher der Name kommt, muss den Ort nur einmal ansehen: Oval ist er, wie ein Hühnerprodukt.

Die drollige Harmlosigkeit des Spitznamens täuscht darüber hinweg, dass dieser Platz seit jeher einen markanten Knotenpunkt des Viertels bildet. Wie eine Verkehrsinsel thront er in der Mitte von mehreren Straßenzügen, die hier aufeinanderstoßen: der Mainzer-, Teutoburger-, Trajan- und Titusstraße. Hinzu kommt außerdem der Fußweg zur »Alten Uni«, wie die Fachhochschule bis heute genannt wird. Schon vor Jahren haben die südstädtischen Musiker den Platz als Spielstätte entdeckt. Ab 1995 bot hier die »Eierplätzchenband« regelmäßig an Sonntagnachmittagen ihren Mix aus kubanischem Son, Bolero und Guaracha – Musik also, die später durch den Wim-Wenders-Film »Buena Vista Social Club« weltweit bekannt wurde.

Im Jahr 2003 wurde dann der Künstler Rolf Tepel aktiv. Unter Einbeziehung der Anwohner war er bestrebt, die als Parkplatz genutzte Fläche wieder autofrei und begehbar zu machen. Dazu besorgte er sich einige massive Blöcke aus Basaltlava, die beim Abriss der Eisenbahntrasse über die Bonner Straße freigeworden waren. Zehn von ihnen verteilen sich jetzt zwischen den Sitzbänken rund um den Platz. Tepel versteht sie als Mahnmal für den Frieden, freut sich aber auch über ihre Nutzung als Spielstätte, Picknicktisch oder Siestaplattform.

Und mehr gibt es hier auch nicht, mehr braucht es nicht, um ein bisschen Ruhe oder Unterhaltung zu finden. In der Mitte eine Straßenlaterne, drumherum hohe Linden und im Parterre der anrainernden Häuser ein Café, eine Kneipe und ein Kiosk – das ist das Eierplätzchen.

Adresse Ecke Mainzer und Teutoburger Straße | **ÖPNV** Bahn 15, 16, Haltestelle Chlodwigplatz; Bus 132, 133, Haltestelle Rolandstraße | **Tipp** Sehenswert ist die 1907 bis 1909 erbaute Fachhochschule mit ihrer imposanten Haupttreppe. Sie grenzt zudem an den kleinen, idyllischen Römerpark.

18_ Der EL-DE-Keller

Wie ein Einbruch dem Stadtrat Beine machte

Im März 1978 machten sich der Kölner Lehrer Kurt Holl und der Fotograf Gernot Huber eines Verbrechens schuldig. Sie drangen in den Keller des Hauses an der Ecke Appellhofplatz und Elisenstraße ein. Die beiden waren allerdings nicht auf Diebstahl aus, sondern als stadthistorische Journalisten unterwegs. Es ging um die Dokumentation von Wandinschriften aus der Nazi-Zeit.

Das EL-DE-Haus hat seinen Namen vom ehemaligen Bauherrn und Besitzer, dem Kaufmann Leopold Dahmen (L.D.). Schon kurz nach der Errichtung wurde das Gebäude von der Gestapo beschlagnahmt, die hier dann bis 1945 residierte. Tausende von Häftlingen saßen in den lichtlosen, nur rund fünf Quadratmeter kleinen Zellen im Keller ein, unter ihnen Kommunisten, Kriegsgefangene und Zwangsarbeiter. Viele wurden hier auf das Brutalste gefoltert und schließlich erschossen. Im Innenhof des Komplexes existierte eine Hinrichtungsstätte, und auf dem Westfriedhof unterhielt die Gestapo ein eigenes Areal zur Verscharrung der Opfer. Rund 1.800 erhaltene Wandinschriften zeugen heute von den Leiden der Gefangenen, darunter solche in russischer, niederländischer und spanischer Sprache.

Schon in den späten 1960er Jahren hatte der Kölner Sammy Maedge mit verschiedenen Aktionen die historische Aufarbeitung der Folterzentrale gefordert. Das Haus wurde inzwischen von städtischen Behörden genutzt, die Zellen im Kellertrakt dienten als Akten- und Abstellkammern. Aber Besitzer Dahmen wiegelte ab, auch die Stadt blieb passiv. Und so mussten also erst zwei engagierte Einbrecher kommen, um ihr auf die Sprünge zu helfen. Anderthalb Jahre nach Holls und Hubers Coup beschloss der Rat auf massiven öffentlichen Druck hin, die Kellerräume als Gedenkstätte einzurichten. 1988 wurde schließlich das NS-Dokumentationszentrum eröffnet, das neben dem EL-DE-Keller unter anderem eine Dauerausstellung zum Thema »Köln im Nationalsozialismus« beherbergt.

Adresse Appellhofplatz 23–25 | **ÖPNV** Bahn 3, 4, 5, 16, 18, Haltestelle Appellhofplatz | **Öffnungszeiten** Di, Mi, Fr 10–16, Do 10–18, Sa u. So 11–16 Uhr | **Tipp** Wer sich für die Geschichte Kölns nicht nur in der Nazi-Zeit interessiert, sollte dem Stadtmuseum an der Zeughausstraße einen Besuch abstatten.

19   Die Elendskirche

Herr Neuhaus und sein Fisternöll

Die Elendskirche St. Gregor erhielt ihren Namen nach einem mittelalterlichen Friedhof am Katharinengraben. Hier wurden Ketzer, Arme und Hingerichtete bestattet – all jene also, die den mächtigen Armen der katholischen Kirche entronnen waren oder nie dort hineingefunden hatten. Bis 1764 stand hier die Privatkapelle der Familie de Groote, der das Gebäude auch bis heute gehört. Die katholischen Einwanderer aus den Niederlanden waren am Rhein zu einigem Ansehen gelangt, Franz Jacob de Groote (1721–1792) brachte es gar bis zum Kölner Bürgermeister. Mit ihm, beziehungsweise mit seiner Frau, verbindet sich eine außerordentliche Geschichte:

Zur Karnevalszeit des Jahres 1760 lernte die fünfundzwanzigjährige Maria Ursula Columba de Groote (geb. Pütz) in einem Theater einen knapp zehn Jahre älteren Mann kennen, der damals bereits einen einschlägigen Ruf genoss. Anderntags, so erzählt er in seinen Memoiren, versteckte er sich im Beichtstuhl der Kapelle, bis diese eine Stunde später geschlossen wurde. Weitere fünf Stunden verbrachte er »in misslicher Lage« auf einer Kirchenbank, bevor sich endlich die Tür zu einer an das Gebäude grenzenden Kammer öffnete. Heraus trat: die Frau des Bürgermeisters. »Man mag sich ungefähr vorstellen, welche Wonne wir miteinander in dieser glücklichen Nacht erlebten, aber man wird sie schwerlich in allen Einzelheiten erraten«, schrieb der Mann. Sein Name: Giacomo Casanova.

Maria Ursula Pütz war bei ihrer Hochzeit noch nicht einmal fünfzehn Jahre alt gewesen. Schon damals, so die Historiker, behandelte man dies als Skandal. Casanova hingegen berichtet von intimen Gesprächen, in denen sie ihm von ihrer großen Liebe zu ihrem Ehemann erzählt hatte. Jeden Tag, behauptete sie, werde sie von ihrem Gatten »beglückt«, sechs Kinder waren die Folge. Dass es nicht noch mehr wurden, lag an der kurzen Lebenszeit, die »Mimi«, wie Casanova sie nennt, beschieden war. Sie starb mit dreiunddreißig Jahren, vermutlich an Tuberkulose.

Adresse An St. Katharinen, nahe Severinsbrücke | **ÖPNV** Bahn 3, 4; Bus 132, 133, jeweils Haltestelle Severinstraße | **Öffnungszeiten** Freitags 19 Uhr zum Gottesdienst, Führungen unter 0221/31 42 75 | **Tipp** Thematisch naheliegend ist ein Besuch des protestantischen Geusenfriedhofs (siehe Seite 68).

20 Der Erich-Klibansky-Platz
Ein Brunnen erinnert an die einstige jüdische Gemeinde

Von einem Platz zu sprechen ist eigentlich übertrieben. Eher handelt es sich bei diesem gepflasterten Areal um einen zur Straße hin offenen Innenhof, begrenzt durch unspektakuläre Profanbauten. Und der Kern der Anlage, der die Historie des Ortes symbolisiert, wird für die Passanten an der Helenenstraße zudem durch einen Baum und die Außengastronomie eines Cafés verdeckt. Der Löwenbrunnen auf dem Erich-Klibansky-Platz verdankt sich dem jahrzehntelangen Engagement der Eheleute Dieter und Irene Corbach. Seit seiner Aufstellung 1997 erinnert er an von den Nazis ermordete jüdische Kinder, die hier ab 1942 auf ihre Deportation warten mussten.

Im 19. Jahrhundert war das Gebiet rund um die St.-Apern-Straße ein wohlhabendes Geschäftsviertel. Vornehmlich jüdische Bürger führten angesehene Schmuck- und Antiquitätengeschäfte. 1884 entstand die Synagoge der orthodoxen Gemeinde Adass Jeschurun, es folgten ein Lehrerseminar, eine Volksschule und ein Reformgymnasium. Letzter Leiter dieser Institution war der gebürtige Frankfurter Erich Klibansky (1900–1942). Der Spross einer Rabbinerfamilie war 1929 nach Köln gezogen, im gleichen Jahr übernahm er die Stelle als Schulleiter. Der Ruf der Schule wuchs unter seiner Führung stetig, sie war beliebt bei der gesamten jüdischen Bevölkerung Kölns.

1937 musste Klibansky auf Druck der Nazis seine großzügige Wohnung an der Volksgartenstraße räumen. Im Juli 1942 wurde er samt seiner Familie deportiert und in einem Waldstück bei Minsk erschossen. Bis zum Kriegsbeginn 1939 war es ihm noch gelungen, für hundertdreißig seiner Schüler die Flucht nach Großbritannien zu organisieren. Einer dieser Überlebenden, der Bildhauer Hermann Gurfinkel, schuf den Löwenbrunnen auf dem heutigen Erich-Klibansky-Platz. Auf den das Becken umlaufenden Bronzetafeln wurden die Namen jener 1.100 Kölner Kinder eingraviert, die man von hier aus in die Vernichtungslager verschleppte.

48

Adresse Helenenstraße | ÖPNV Bahn 3, 4, 16, 18, Haltestelle Appellhofplatz | Tipp Der Aufarbeitung der Nazi-Zeit widmet sich das NS-Dokumentationszentrum mit der integrierten Gedenkstätte EL-DE-Haus am Appellhofplatz (siehe Seite 42).

21 Der Fernwärmetunnel

Einmal so richtig »unten durch« sein

Wer trockenen Fußes die Rheinseite wechseln will, benutzt herkömmlicherweise eine der acht Brücken oder die Fähre von Weiß nach Zündorf. Es geht aber auch anders und zudem weitaus spektakulärer. Ein unscheinbarer Betonpilz am rechtsrheinischen Messeufer bildet den Eingang zum Fernwärmetunnel der Rheinenergie. Über rund hundert Stufen steigt man hinab zu einer drei Meter hohen, begehbaren Röhre, die unter dem Flussbett hindurch zum Breslauer Platz führt. 461 Meter lang ist diese Unterführung, mit der die damaligen Gas- und Elektrizitätswerke (GEW) 1984 ein zukunftsweisendes Projekt starteten. Der Trick: Vom Kraftwerk aus wird 120 Grad heißes Wasser durch die Rohrleitungen im Tunnel gepumpt, um sich nach der Flussunterquerung zweigartig auf die Haushalte zu verteilen. Vor Ort gibt es dann über einen Wärmetauscher seine Hitze für Heizungs-, Koch- und Badewasser ab. Die Leitungen sind so gut isoliert, dass das Wasser vom Vorlauf bis zum Verbraucher maximal fünf Grad verliert. Und wer einwendet, dass doch auch dieses Wasser mit Energieaufwand auf Temperatur gebracht werden muss: Das läuft natürlich über Kraft-Wärme-Kopplung, das heißt, mit der Wassererhitzung beispielsweise durch Erdgas wird zugleich Strom erzeugt.

Analog dem Bau der Nord-Süd-U-Bahn fraß sich auch 1984 ein riesiger Bohrschild durchs unterirdische Gestein. So mancher ungewöhnliche Fund wurde dabei zutage gefördert, unter anderem Bombenreste und Teile der alten Hohenzollernbrücke. Die interessantesten Stücke liegen im rechtsrheinischen Vorraum auf einem Ausstellungstisch – gezeichnet mit Datum, Uhrzeit und dem Namen der jeweiligen Schicht, die sie entdeckte.

Die Begehung eignet sich nicht für Menschen, die zu Klaustrophobie neigen. Vor allem im ersten Moment scheint der schnurgerade Tunnel kein Ende zu nehmen. Wer jedoch das »Halbzeit«-Schild erreicht, der hat das Gröbste überstanden.

Adresse Einstieg am Messeplatz/Kennedyufer, Ausstieg am Breslauer Platz | ÖPNV Bahn 1, 7, 9, Haltestelle Deutzer Freiheit | Öffnungszeiten Auf Anfrage, Tel. 0221/178-46 60 oder unter www.betriebsbesichtigung@rheinenergie.com | Tipp Möglicherweise hat man nach dieser Höhlentour das Bedürfnis, dem Himmel wieder ein Stückchen näher zu sein. Der Rückweg über die Hohenzollernbrücke schafft Abhilfe.

22   Finkens Garten

*Ananas-Salbei, Kaugummipflanze
und Gummibärchengewächs*

Nur fünf Hektar misst er, der kleine Erlebnisgarten an der Friedrich-Ebert-Straße. Aber was sich hier auf engem Raum versammelt, ist ein immer wieder überraschendes Panoptikum der rheinischen Flora und Fauna. Unter anderem sind hier 130 Vogel-, 74 Zikaden-, 447 Käfer- und 148 Schmetterlingsarten beheimatet. Einträchtig leben sie zwischen zum Teil seltenen Pflanzen, in gepflegten Bereichen und solchen, die bewusst dem Wildwuchs überlassen werden. Direkt hinter dem Eingang beginnt zudem eine Streuobstwiese, die zur Züchtung einiger lang vergessener Apfel- und Birnensorten angelegt wurde.

Finkens Garten verdankt seinen Namen einer ehemaligen Gärtnerei. Heutzutage dient er als ökosoziale Einrichtung der Stadt Köln, die unter anderem Führungen für Kindergärten und Schulen anbietet. Auch ein Freiwilliges Ökologisches Jahr kann hier absolviert werden. 1998 erhielt er die erstmals vergebene Auszeichnung des Naturschutzwettbewerbs von Bund und Ländern.

Die verschiedenen Stationen des Gartens sprechen alle menschlichen Sinne an. Nicht nur Kinder reagieren überrascht, wenn ein fünfzehn Meter langer Baumstamm die Schwingungen von Klopfzeichen bis ans andere Ende überträgt. Ein kleines Areal mit aufgerichteten Baumstümpfen regt zur Ertastung mit geschlossenen Augen an, während über Videokameras brütende Vögel bei ihrer Nachwuchsarbeit beobachtet werden können.

Neben dem Bienenhaus bildet vor allem der ab Mai eingerichtete Nasengarten eine echte Attraktion. Wer hier die saisonal verschiedenen Blätter zwischen den Fingern reibt, erntet vom Wohlgeruch bis zum abscheuerregenden Gestank sämtliche olfaktorischen Facetten des Alltags. Mit dabei sind einige Pflänzchen, die genauso riechen, wie sie heißen, etwa der Ananas-Salbei, die Kaugummipflanze oder das Gummibärchengewächs.

Adresse Friedrich-Ebert-Straße 49 | **ÖPNV** Bahn 16, Haltestelle Rodenkirchen; Bus 131, Haltestelle Konrad-Adenauer-Straße, oder Bus 135, Haltestelle Schillingsrotter Straße | **Öffnungszeiten** Sa u. So 9–18 Uhr | **Tipp** Auf der anderen Seite der Straße Zum Forstbotanischen Garten beginnt der gleichnamige Zierwald mit seinen seltenen Pflanzen und der frei umherspazierenden Pfauenkolonie (siehe Seite 166).

23 Die Finnensiedlung

Bullerbü in Höhenhaus

Wer durch diese denkmalgeschützte Siedlung spaziert, fühlt sich wie in eine Astrid-Lindgren-Welt versetzt. Schwarze, aus vertikalen Planken gezimmerte Holzhäuschen säumen die Straßen zwischen Höhscheider und Wipperfelder Weg. Die kontrastierenden weißen Sockel, Türen und Fensterrahmen verstärken den skandinavischen Effekt.

Aber wo heute ein Hauch von Romantik weht und Kindheitserinnerungen aufkommen, herrschte einst bittere Not. Errichtet wurden die Häuser ab 1944 unter der Regie der Stadt Köln im Verbund mit der »Deutschen Arbeitsfront«. Die DAF war bereits kurz nach Hitlers Machtergreifung als Vereinigung der deutschen Arbeitgeber- und -nehmerverbände installiert worden. In Höhenhaus ging es darum, Wohnraum für die Ausgebombten der Innenstadt zu schaffen. Offiziell verkündeten die Nazi-Machthaber, bei dem Holz handele es sich um ein Geschenk der befreundeten finnischen Regierung. Andere wollten wissen, das Geld sei aus Norwegen gekommen, als erzwungene Reparationszahlung für ein torpediertes deutsches U-Boot. Als gesichert gilt, dass für die Arbeit auf den Baustellen auch KZ-Häftlinge aus den Deutzer Messehallen herangezogen wurden.

Die 158 Häuser am Rande des Pfropfbusches bilden heutzutage die einzige vollständige Holzhaussiedlung Kölns. Mit ihren recht großzügigen Vor- und Nutzgärten bietet sie beste Voraussetzungen für Familien. Einzige Störenfriede sind hin und wieder TV-Produktionen, die die pittoreske Atmosphäre und ungewöhnliche Architektur als »location« nutzen. Seit sie sämtlich in Privatbesitz übergegangen sind, präsentieren sich die meisten Häuser schmuck renoviert. Auch wurden fast alle längst mit einem Anbau versehen, denn so gemütlich und putzig sie wirken, so knapp dimensioniert sind sie auch: Unter den spitz zulaufenden Dächern verstecken sich gerade einmal 85 Quadratmeter Wohnfläche.

Adresse Zwischen Birken-, Höhscheider und Wipperfelder Weg | ÖPNV Bahn 4, Haltestelle Leuchterstraße; Bus 155, Haltestelle Höhscheider Weg | Tipp Höhenhaus soll die Heimat des treuesten Kölner Heinzelmännchens gewesen sein. Ein Bronzedenkmal des »Grinkenschmieds« findet sich auf dem nahen Wupperplatz (siehe »111 Kölner Orte«, Band 2, Seite 78).

24 ___ Der Fischmarkt

Von Feschwievern und geistlichen
Grundstücksspekulanten

Das Martinsviertel wurde im Zweiten Weltkrieg zu 90 Prozent zerstört. Mit dem Stapelhäuschen steht am Fischmarkt (Nr. 1–3) aber immerhin ein Gebäude, das nur »mittelschwere Schäden« aufwies, dessen Originalzustand also recht problemlos wiederhergestellt werden konnte. Auch ansonsten ist der Fischmarkt ein Ort, der noch heute einen gewissen Eindruck der »alten Zeiten« vermittelt. Enge, einstmals stickige Straßen wie Buttermarkt, Lint- und Mauthgasse münden hier in ein offenes, luftiges Areal. Heutzutage kommt noch der weite Blick auf den Rhein hinzu, der bis Ende des 19. Jahrhunderts durch die hier entlang dem Ufer verlaufende Stadtmauer versperrt war.

Bis um 1100 war der Fischmarkt Teil des Klosters Groß St. Martin. Der aufblühende Handel sorgte seinerzeit für steigende Immobilien- und Grundstückspreise, die sich die Kirche zunutze machte, indem sie einen Teil ihres Geländes zur Bebauung freigab. Weil der Fischhandel vor allem per Schiff von Holland her beliefert wurde, entstand hier in der Folge der zentrale Kölner Umschlagplatz für alle Arten von Meeresgetier. Schon im 12. Jahrhundert wird der Fischmarkt erstmals urkundlich erwähnt, als »forum piscium«, was bald durch Bezeichnungen wie »upme Vischmarte« und im 15. Jahrhundert »up dem Vyschmarte« abgelöst wurde. Wie alle Kölner Gewerbezweige profitierte auch der Fischhandel immens vom 1259 verliehenen Stapelrecht: Sämtliche auf dem Rhein transportierten Güter mussten in Köln abgeladen und für drei Tage zum Verkauf angeboten werden.

Jahrhundertelang wurden die Verkaufsstände dominiert von den »Feschwievern«, den Fischweibern. Ihnen zum Gedenken ziert inzwischen ein Brunnen den kleinen Platz. Das Werk des Bildhauers Rainer Walk zeichnet kein verklärendes Idyll, sondern zeigt müde, abgearbeitete Frauen in hockender Haltung.

Adresse Zwischen Groß St. Martin und Rheinufer | **ÖPNV** Bahn 1, 9; Bus 132, 133, jeweils Haltestelle Heumarkt | **Tipp** Sehr lohnenswert ist eine Besichtigung von Groß St. Martin, eine der romanischen Kirchen Kölns. In der Krypta (siehe Seite 124) gibt es die Überreste eines römischen Schwimmbads zu entdecken.

25 Der Flamingoweiher

Wasserspiegel am Südostzipfel des Rheinparks

Der Deutzer Rheinpark ist ein gartenbauliches Gesamtkunstwerk. Das 1957 zur Bundesgartenschau angelegte Areal besticht durch seine florale Vielfalt genauso wie durch die idyllische Lage am Fluss. Einer der beschaulichsten Flecken, der sogenannte Flamingoweiher, liegt am äußersten Südostzipfel, direkt hinter dem feudalen Parkcafé. Der flache Teich bildet die Senke einer Wiese und wird von mehreren Skulpturen flankiert. Zu nennen ist hier eine mit Blick aufs Wasser »Sitzende« (1948–1953) von Kurt Lehmann sowie ein kleiner asiatischer Steingarten, ein Geschenk von Kölns Partnerstadt Kyoto. Wo sich der längliche Weiher zu einem kleinen Becken weitet, tanzt das »Wasserballett«. Die Arbeit des Künstlers Christian Weiser besteht aus stelenartig aus dem Wasser wachsenden, nach oben hin spitz zulaufenden Spiegeln. Das Ensemble aus Kunst und gestalteter Natur lässt sich von mehreren Bänken an der Nordseite des Gewässers aus bewundern. Und hinter der rückwärtigen Mauer beginnt dann schon wieder das alltägliche Kontrastprogramm: Hier verlaufen die Gleise des Deutzer Bahnhofs, die ihrerseits vom Messegelände begrenzt werden.

Der Name des Weihers kommt übrigens nicht von ungefähr. Hier sind tatsächlich einmal Flamingos durchs Wasser gestelzt. Wer sich diese alten Zeiten jedoch zurückwünscht, der bedenke eine Auskunft des Kölner Grünflächenamts, die da sinngemäß lautete: Den Tierchen werden von Vandalen leider schneller die Beine gebrochen, als man ein halbes Hähnchen verspeisen kann.

Der längst vogellose Weiher und das jahrelang leer stehende Café verdeutlichen zugleich, wie ambitioniert man hier einst zu Werke ging. Mit dem attraktiven Park sollte das rechtsrheinische Ufer näher an die Innenstadt rücken, aber selbst an einem sommerlichen Sonntagnachmittag ist dieses Gelände auf der »Schäl Sick« spärlicher bevölkert als – zum Beispiel – die Wege rings um den vergleichsweise eintönigen Decksteiner Weiher.

Adresse Rheinpark, zwischen Rhein und Auenweg | ÖPNV Bahn 1, 9 Haltestelle Deutzer Bahnhof; Bus 150, Haltestelle Im Rheinpark | Tipp Ein paar Meter weiter Richtung Tanzbrunnen liegt hinter einer Kiesel-Mauer aus Carrara-Marmor der Mittelmeergarten. Edle Atlaszedern säumen das Wasserbecken mit dem Pilz-Brunnen.

26 __Die Fühlinger Heide

Das Geheimnis des Blutbergs

Die Fühlinger Heide erstreckt sich vom Rhein bis zum Südende des Worringer Bruchs. Dort, zwischen Worringen und Fühlingen, wurde 1986 der Ortsteil Blumenberg gegründet. Ein hübscher Name eigentlich, aber er basiert auf einer ganz und gar verlogenen Schönfärberei. Wer der Sache näherkommen will, sollte sich jenen Weg vorknöpfen, der Blumenberg gen Norden begrenzt: Am Blutberg heißt er, und wo »schaurig« draufsteht, ist auch »schaurig« drin. Denn »Blutberg«, das ist der historisch wahre Name dieses Stadtrandidylls mit seiner vorbildlichen Ökosiedlung.

Sein Ursprung geht zurück auf das Jahr 1288, als hier die berühmte Schlacht von Worringen geschlagen wurde. In Wirklichkeit wurde damit ein Erbfolgestreit um das Herzogtum Limburg ausgetragen. Aber bis heute gibt es Menschen, die mit diesem Gefecht die Geburt Kölns als freie Reichsstadt ansetzen. Kurz zusammengefasst: Bei der Schlacht von Worringen standen die Kölner zwar gegen den verhassten Erzbischof, aber es ging weder vorrangig um Kölner Interessen, noch spielten die kölnischen Truppen im Kampf eine bedeutende oder gar heroische Rolle. Im Gegenteil wurden die schlecht ausgerüsteten Fußtruppen bereits beim ersten Angriff des Feindes überritten und in die Flucht geschlagen, um sich sodann als strategische Hinterwäldler zu erweisen. Ein Historiker formuliert es folgendermaßen: »Die Kampfweise der Kölner Miliz wird dergestalt beschrieben, dass sie auf alles und jeden einschlugen, egal ob Feind oder Freund. Vermutlich lag dies auch daran, dass sie die meisten Wappen nicht kannten und deswegen kaum zwischen Feind und Freund unterscheiden konnten.«

In der Schlacht von Worringen trafen über zehntausend Ritter, Knappen und Knechte aufeinander. Sie forderte über tausend Todesopfer. Die meisten Leichen waren durch Pferdehufe so entstellt, dass man sie nicht mehr identifizieren konnte. Der Blutberg, so muss man schließen, trägt seinen Namen also ganz zu Recht.

Adresse Zwischen Fühlingen und Worringen auf dem Gebiet des heutigen Blumenberg | **ÖPNV** S-Bahn 11, Haltestelle Worringen/Bhf.; Bus 120, Haltestelle Worringen-Süd | **Tipp** In der Ortsmitte von Worringen, direkt vor der Kirche, erinnert ein Gedenkstein an die Schlacht von 1288 (siehe »111 Kölner Orte«, Band 2, Seite 182).

27 Das Geißbockheim

»Wollen Sie mit mir Deutscher Meister werden?«

Das Trainingsgelände der FC-Profis ist ein echter Insider-Treff. Am Decksteiner Weiher nämlich laufen Tag für Tag jene Fans auf, deren Leidenschaft – und Zeitbudget! – über die Eventkultur des Rheinenergiestadions hinausgeht.

Erbaut wurde das Geißbockheim 1953 auf den Resten des Zwischenwerks VI b. Dieses entstand in den Jahren 1875 bis 1877 als Teil des äußeren preußischen Festungsgürtels entlang der Militärringstraße. Nach dessen weitgehender Schleifung liegt das FC-Gelände nun idyllisch mitten im Grüngürtel. Aus der Preußenzeit erhalten hat sich neben Fundamenten im Untergeschoss lediglich das ehemalige Portal der Bastion, inzwischen verborgen unter den Vorbauten des Restaurants. Der neue so schlichte wie schmucke Riegel wurde im Oktober 2009 eingeweiht und beherbergt nun die Verwaltung des 1. FC Köln. Zu verdanken hat der FC diese noble Stätte seinem ersten Präsidenten, dem Fußballvisionär Franz Kremer (1905–1967). Durch die Fusion zweier Vorortvereine gelang es ihm 1948, mit dem 1. FC Köln einen echten gesamtstädtischen Club zu etablieren. Die Vereinigung betrieb er übrigens mit dem Werbeslogan »Wollen Sie mit mir Deutscher Meister werden?«, was unter seiner Ägide dann ja auch 1962 und 1964 gelang. 35 Jahre lang hielt sich das Gründungsmitglied ununterbrochen in der 1. Bundesliga, 1978 gewann man sogar das Double. 1998 allerdings begann eine wechselhafte Zeit, der FC war zum ersten Mal abgestiegen.

Der Name des Clubhauses geht – für Köln sehr charakteristisch – auf einen Karnevalsscherz zurück. Der Geißbock war ein Geschenk der Zirkus-Prinzipalin Carola Williams und wurde schnell auf den Namen Hennes I. getauft. Pate für das Maskottchen stand der FC-Spieler der ersten Stunde und spätere Erfolgstrainer Hennes Weisweiler. Aus dieser Initiation entwickelte sich dann auch jener Spitzname, unter dem die Kölner Kicker seither deutschlandweit bekannt sind: die Geißböcke.

Adresse Franz-Kremer-Allee 1–3 | ÖPNV Bahn 18, Haltestelle Klettenbergpark; Bus 978, Haltestelle Scherfginstraße | Öffnungszeiten Täglich 11–1 Uhr | Tipp Mehr über den Verein erfährt man im FC-Museum im Rheinenergiestadion (geöffnet jeden ersten Mi im Monat, 16–19 Uhr, siehe »111 Kölner Orte«, Band 2, Seite 62).

28 Der Gereonsdriesch

Maria, Gereon und der Mordhof

Der an eine Dornenkrone gemahnende Kopfschmuck führt in die Irre: Was ist das doch für ein zarter, jünglinghaft-bartloser Jesus, der da auf einen herabschaut. Könnte man meinen. Aber was dieser Säulenfigur auf dem Gereonsdriesch um den Schädel schwebt, ist kein Zweiggeflecht, sondern ein metallener Heiligenschein mit gezackten Sternen. Und folglich segnet hier auch nicht der Herr Jesus, sondern seine Mutter Maria.

Aufgestellt wurde die Mariensäule, wie sie richtig heißt, 1858. Der ohnehin starke Marienkult der Kölner Bevölkerung hatte mit einer Verkündigung von Papst Pius IV. noch einmal Auftrieb erhalten: Am 8. Dezember 1854 erklärte er Marias »Unbefleckte Empfängnis« zum Dogma. Ihre neugotische Form lässt die Säule wie ein Stück vom Dom, wie eine auf den Boden geholte Zinne aussehen. Der Stil entsprach dem Mittelalter-Kult der Romantik, war jedoch zugleich ein ausgesprochen katholisches Statement. Die Kölner Handwerkerschaft, Spender des Kunstwerks, betonte damit selbstbewusst ihre Eigenständigkeit gegenüber den protestantisch-preußischen Herrschern.

Zu finden ist das trutzige Denkmal auf dem Gereonsdriesch am gleichnamigen Kloster. Der kleine Platz war schon im 18. Jahrhundert mit drei Reihen von prächtigen Lindenbäumen bepflanzt. Gegenüber der Maria Immaculata liegt am Nordende des Driesch ein seitlich weggerollter, monumentaler Männerkopf. Das Granitwerk des türkischen Bildhauers Iskender Yediler erinnert an den heiligen Gereon, jenen thebäischen Legionär, der für seinen Übertritt zum Christentum in den Märtyrertod ging. Eine Lesart seiner Legende geht davon aus, dass er hier auf dem Driesch sein Ende fand. Die herkömmliche Bedeutung von Driesch als »Brache« wird dabei ins Griechische verschoben: »Drypsis« meint hier »Streit« oder »Krieg« und verweist auf den Driesch als Mordhof Gereons und seiner Gefährten.

Adresse Gereonsdriesch | **ÖPNV** Bahn 12, 15, Haltestelle Christophstraße/Mediapark | **Tipp** Zeitgleich mit der Mariensäulen-Schenkung beschloss der Stadtrat die Aufstellung eines Reiterdenkmals zu Ehren des Preußenkönigs Friedrich Wilhelm III. auf dem Heumarkt. Maria durfte aber nicht, wie von den Stiftern gewünscht, auf den Alter Markt.

29_Die Germania-Siedlung
Klassengegensätze und Architektur

Die Siedlung gibt ein frappierendes Beispiel dafür ab, wie vor hundert Jahren Klassengegensätze auch architektonisch sichtbar wurden. Und dies auf engstem Raum: Während in der Glasstraße die einfachen Arbeiterhäuser dominieren, wohnten nebenan in der Germaniastraße die Meister. Und am Concordiaplatz, in den beide Straßen münden, stehen eingebettet in einen Park die prächtigen Villen der Ingenieure und Direktoren.

Es war im Jahr 1899, als der belgische Konzern »Société Anonyme des Glaces Nationales Belges« beschloss, eine Zweigstelle in Porz zu eröffnen. Bald darauf lief die Produktion der Spiegelglaswerke Germania an, wie die neue Fabrik getauft wurde. Parallel dazu errichtete man jene Häuser, die zunächst für die belgischen Facharbeiter gedacht waren. Durchgehend kamen dabei dunkelbraune Feldbrandziegel zur Verwendung, abgesetzt durch individuell eingebrachte sandfarbene Exemplare, die die Fassaden spielerisch auflockern. Einzelne Bauelemente wurden von Belgien nach Deutschland exportiert. So wurde zum Beispiel zur Zeit der Firmengründung in Belgien noch die Fenstersteuer erhoben. Die sich daraus ergebenden kleinen Fensterformate und Teilungen wurden für die Siedlung in Porz übernommen. Für die damalige Zeit war vor allem die Infrastruktur mit Trinkwasserleitung, Kanalnetz und eigener Stromversorgung vorbildlich.

Um dieses historisch bedeutende Ensemble einer sozial gestaffelten Werkssiedlung dauerhaft zu schützen, wurden die beiden Straßenzüge in den 1970er Jahren komplett unter Denkmalschutz gestellt. Längst gilt die Germania-Siedlung als begehrtes Wohngebiet. Obwohl direkt an der Porzer Innenstadt gelegen, verströmt sie eine geradezu ländliche Atmosphäre. Hecken säumen den kleinen Concordiaplatz, Rosenbeete konturieren seine Grünflächen. Und dahinter ragt noch immer das alte Glaswerk auf, in dem heute Spezialanfertigungen für Busse, LKWs und Züge hergestellt werden.

Adresse Germania- und Glasstraße | **ÖPNV** Bahn 7, Haltestelle Porz-Markt | **Tipp** Von der Bahnhofstraße nordwärts erstreckt sich die Porzer Fußgängerzone. Sie hat sich – fern von Schildergasse und Hohe Straße – zu einer Flaniermeile mit kleinen Geschäften, Shopping-Centern, Restaurants und Cafés entwickelt.

30 Der Geusenfriedhof

Protestanten in der katholischen Hochburg

Das Wort »Geusen« entwickelte sich aus dem französischen »gueux« (= Bettler). Als solche wurden jene protestantischen Niederländer bezeichnet, die ab dem 16. Jahrhundert nach Köln einwanderten. Diese Flüchtlinge des Achtzigjährigen Unabhängigkeitskriegs gegen das katholische Spanien (1568–1648) kamen hier jedoch vom Regen in die Traufe. Bereits im Jahr 1529 waren die Reformatoren Adolf Clarenbach und Peter Fliesteden auf Geheiß des Klerus hingerichtet worden. Auch in der Folge wurden religiöse Abweichler schonungslos verfolgt. Selbst Katholiken, die den Gottesdienst schwänzten, drohten Strafen bis hin zur Verweisung aus der Stadt. Ihre Messen zelebrierten die Geusen in geheimen Zirkeln oder siedelten gleich ins tolerantere Mülheim über. Innerhalb der Stadtgrenzen wurden »Fremde« samt und sonders auf sogenannten »Elendsfriedhöfen« verscharrt (elend = ahd. ali-lenti = andere Länder).

Zu ihrem ersten eigenen Friedhof kamen die evangelischen Christen um 1576 durch eine Grundstücksstiftung der Katholikin Ursula von Gohr zu Kaldenbroek. Das Gelände befand sich – und befindet sich noch heute – an der Kerpener Straße, damals weit vor den Toren der Stadt. Fast zweihundertfünfzig weitere Jahre vergingen bis zum Bau der Antoniterkirche (1802), dem ersten evangelischen Gotteshaus. Hier führte allerdings nicht der kölsche Klerus, sondern die französische Besatzungsmacht die Regie. Ab 1829 durften sich Protestanten dann auch auf Melaten beerdigen lassen, was 1876 zur Schließung des Geusenfriedhofs führte.

Das ab den 1980er Jahren restaurierte Gelände ist heute auch von kunsthistorischem Interesse. Markant vor allem die von der katholischen Grabkultur abweichende Formensprache: Kreuzförmige Steine sucht man hier vergeblich, auch bildliche Darstellungen von Heiligen sind seltener. Stattdessen dominieren Wappen, berufliche Symbole sowie emblematische Bildmetaphern für Tod und Vergänglichkeit – Engel, Schädel und immer wieder der Sensenmann.

Adresse Kerpener Straße/Ecke Weyertal | ÖPNV Bahn 9, Haltestelle Weyertal | Öffnungszeiten Mo–Sa 9–19, So 10–17 Uhr | Tipp Wer sich weiterhin in protestantischen Zusammenhängen bewegen möchte, der setze sich in die Linie 9, fahre bis zum Neumarkt und schließe einen Besuch der Antoniterkirche auf der Schildergasse an.

31 Die Glockenstube des Doms

Fledermäuse, Spinnen und der »Decke Pitter«

Glockenstuben sind geheimnisvolle Orte. Nur wenige Menschen haben Zugang zu ihnen, hier beginnt das Reich der Spinnen, Eulen und Fledermäuse. Die besondere Atmosphäre, geprägt von der Patina der angelaufenen Bronze, den mächtigen hölzernen Glockenstühlen und schließlich dem archaischen Klang der Geläute, machte sich auch immer wieder die Kunst zunutze. In Alfred Hitchcocks »Vertigo« spielen die entscheidenden Szenen in einer Glockenstube, und Victor Hugo hat dem »Glöckner von Notre Dame« gleich einen ganzen Roman gewidmet.

Der berühmte Film mit Anthony Quinn und Gina Lollobrigida hätte statt in Paris genauso gut im Kölner Dom spielen können. Zumal hier im Südturm die größte frei schwingende Glocke der Welt hängt. Die Petersglocke, im Volksmund der »Decke Pitter«, bringt 24 Tonnen auf die Waage, rund 700 Kilo davon wiegt allein der gewaltige Klöppel. Seine Klangkraft ist so gewaltig, dass man den Glockenstuhl – also die Aufhängung – nicht mit dem Mauerwerk verband. Ein Festgeläut wie zu Weihnachten würde ansonsten den ganzen Dom vibrieren lassen.

Die Glockenstube des Doms ist zwar frei zugänglich, schöpft aber Exklusivität aus ihrer abseitigen Lage. 268 Stufen eines eng gewundenen Treppenhauses sind zu bewältigen, bevor man den luftigen Raum erreicht. Über die Dominanz des Decken Pitters sollte man seine sieben Schwestern nicht vergessen, die hier ebenfalls zum Konzert bereithängen. Eine von ihnen ist die Pretiosa (»die Kostbare«), auch gut eine Tonne schwer und bei ihrer Installation 1448 die größte Glocke des Abendlandes. Wie heute die Petersglocke beherrschte damals sie die klerikalen Festivitäten. In der autofreien Landschaft des Mittelalters schwebte ihr voluminöses G bis ins zehn Kilometer entfernte Städtchen Brühl.

70

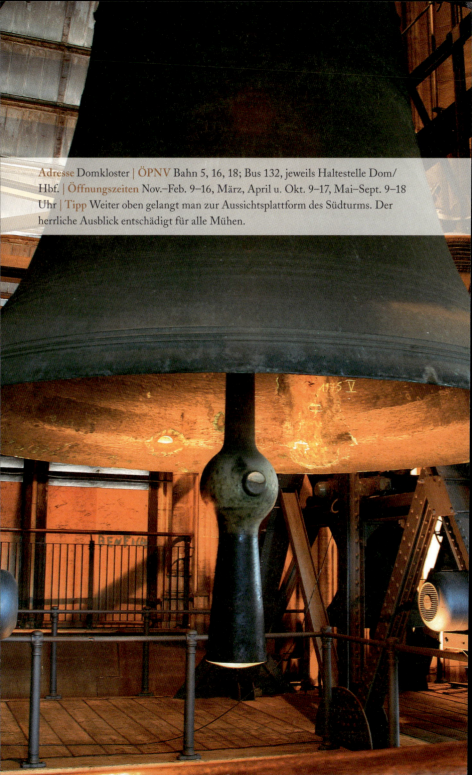

Adresse Domkloster | **ÖPNV** Bahn 5, 16, 18; Bus 132, jeweils Haltestelle Dom/Hbf. | **Öffnungszeiten** Nov.–Feb. 9–16, März, April u. Okt. 9–17, Mai–Sept. 9–18 Uhr | **Tipp** Weiter oben gelangt man zur Aussichtsplattform des Südturms. Der herrliche Ausblick entschädigt für alle Mühen.

32__Die Goldene Kammer von St. Ursula

Knochen, Knochen und nochmals Knochen

Im Volksmund trägt die Goldene Kammer einen weitaus profaneren Namen, nämlich Knochenkammer. Er bezieht sich auf die alles dominierende Reliquie dieses hehren Raumes: Bis unter die Decke wurden seine Wände mit Gebeinen ausstaffiert, von Gelenken, Hüften und Beinteilen bis hin zu kompletten Schädeln. Tausende von Knochen, zusammengefügt zu ornamentalen Mustern, zuweilen auch zu Buchstabenfolgen (»S. Ursula pro nobis ora« – »Heilige Ursula, bitte für uns«). Ursula selbst begegnet dem Betrachter in Form einer Büste gleich links neben dem Eingang. Die standhafte Christin, dahingemetzelt von den Hunnen, trägt eine Krone zum kostbaren Gewand. In den Händen hält sie mit Pfeil und Palmzweig die Symbole ihres Martyriums.

Der Büste korrespondiert in kirchengeschichtlicher Hinsicht der Aetheriusschrein. Der Legende nach handelt es sich bei diesem Heiligen um jenen Mann, den Ursula hatte heiraten wollen. In die Hochzeit eingewilligt hatte sie allerdings erst, nachdem diverse Auflagen erfüllt waren – unter anderem hatte der Heide sich schnellstens taufen lassen müssen. Seine Überreste werden in einem goldenen Reliquienkästchen (um 1170) aufbewahrt. Wie alle Gebeine der Kammer stammen diese Knochen vom »ager Ursulanus«, einem bei Erweiterungsbauten im 12. Jahrhundert entdeckten Gräberfeld unter der Kirche. Weil die Ursula-Legende seinerzeit gerade sehr en vogue war, glaubte man mit jenen Skelettresten das Grab der Märtyrerin und ihrer elftausend Gefährtinnen gefunden zu haben.

Wie nahe all dies der Wahrheit kommt, ist wie so vieles in der Religionshistorie eine Frage des Glaubens. Unbestritten jedoch übt diese 1643 errichtete Knochenkammer auf den Besucher eine ganz eigentümlich-schaurige Faszination aus. Das war vor dreihundertfünfzig Jahren so und ist heute nicht anders.

Adresse Ursulaplatz | **ÖPNV** Bahn 12, 15, Haltestelle Hansaring; Bahn 5, 16, 18, Haltestelle Dom/Hbf.; Bus 132, Haltestelle Andreaskloster | **Öffnungszeiten** Mo, Di, Do–Sa 10–12 u. 15–17, Mi 10–12 u. 15–16.30, So 15–16.30 Uhr | **Tipp** Gegenüber der Kirche liegt eines der schönsten Kölner Brauhäuser, die Schreckenskammer.

33 Das Grabungsfeld unter St. Severin

Des Regenmachers unterirdische Keimzelle

Das Grabungsfeld unter St. Severin wird völlig zu Recht als das spektakulärste ganz Kölns gehandelt. Die labyrinthische, dreischiffige Krypta mit ihrer angeschlossenen archäologischen Zone dokumentiert eine beinahe lückenlose Geschichte von zweitausend Jahren Totenverehrung und Begräbniskult.

Die Severinstraße war die römische Ausfallstraße gen Süden, und bekanntlich hatten die Römer die Angewohnheit, ihre Toten entlang solcher Wege vor den Mauern der Stadt zu bestatten. Das Gräberfeld unter dem Langhaus belegt zudem, dass der Friedhof auch in späteren Jahrhunderten weiter genutzt wurde. Mitten hinein baute man um 400 eine Totenkapelle, die als die Urzelle der späteren romanisch-gotischen Kathedrale gilt.

Erschlossen wurde das Areal ab 1925 von Fritz Fremersdorf. Einen Höhepunkt erreichten seine Forschungen 1939, als zwei heute noch aufrecht stehende Särge der Merowingerzeit (um 700) geöffnet wurden. Sie bargen eine mit viel Schmuck ins Jenseits entlassene Frau und einen Mann mit einer Leier. Vier Jahre später, die Stadt lag schon unter ständigem Bombenhagel, ergrub Fremersdorf die Reste eines zweistöckigen Mausoleums. Es wird auf die frühe römische Kaiserzeit datiert, möglicherweise stammt es noch aus dem 1. Jahrhundert.

Der Kölner Bischof Severin (4. Jahrhundert) wurde lange Zeit als der Stadt liebster Heiliger verehrt. Sein Schrein enthält jedoch nur die Hälfte seiner angeblichen Knochen. Während einer Dürreperiode soll man sie seiner Heimatstadt Bordeaux abgeschwatzt haben. Prompt regnete es auf der Rückreise dermaßen, dass der Wagen mit Severins Überresten kurz vor Köln im aufgeweichten Erdreich stecken blieb. Ein Bilderzyklus im Hochchor dokumentiert die Legende.

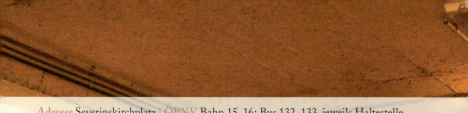

Adresse Severinskirchplatz | ÖPNV Bahn 15, 16; Bus 132, 133, jeweils Haltestelle Severinskirche | Öffnungszeiten Nur im Rahmen von Führungen, Tel. 0221/93 18 42-24 | Tipp Wer der Totenverehrung bis in die Neuzeit folgen möchte, schließe einen Besuch des Südfriedhofs an (siehe Seite 28).

34 Die Greifvogel-Schutzstation

Eine Pension für Bussarde, Falken und Schnee-Eulen

Beinahe fühlt man sich hier wie im Winterlager eines Wanderzirkus. Auch der Vergleich mit einem Märchenwald drängt sich auf. Die alten Volieren haben etwas Verwunschenes, und wenn gleich die weise Eule zu sprechen begänne, man würde sich nicht wundern.

Eingerichtet wurde diese Pension für hilfsbedürftige Greifvögel in den 1960er Jahren. Seitdem macht sie es sich zur Aufgabe, kranke und verletzte Tiere oder elternlose Junge hochzupäppeln und sodann nach Möglichkeit wieder auszuwildern. Dauerhaft verbleiben in Porz-Eil nur behinderte Vögel und solche, die durch Handaufzucht so sehr an den Menschen gewöhnt sind, dass sie in freier Natur nicht mehr zurechtkämen. Auch bestimmte nichteinheimische Tiere wie die Schnee-Eule müssen in Gefangenschaft bleiben. Der durchschnittliche Bestand liegt bei rund achtzig Vögeln, darunter Bussarde, Falken, Uhus und Käuze.

Gut Leidenhausen, ein Rittergut aus dem Mittelalter, kam 1961 in den Besitz der Stadt. Nach und nach entwickelte sich hier ein naturkundliches Gesamtensemble, in dem sich alle Elemente gegenseitig befruchten. Die Greifvogel-Schutzstation dient so etwa als Anschauungsort für das Haus des Waldes – ein kleines, feines Museum der Waldgeschichte. Die Wild- und Haustiergehege, die Anlagen zum traditionellen Obstanbau sowie das umliegende Waldgebiet ergänzen das Areal für den Besucher zu einem umfassenden Freilichtmuseum.

Um die sechsundzwanzig Volieren und ihre Bewohner kümmert sich seit 1994 die Kölner Schutzgemeinschaft Deutscher Wald. Damals stand das Projekt vor dem Aus, auch heute ist es finanziell nicht auf Rosen gebettet. Hinter den Kulissen des »Märchenwaldes« tun sich ganz weltlich-pekuniäre Probleme auf. Eine Möglichkeit, sie zu lösen, sind die angebotenen Vogel-Patenschaften.

Adresse Zwischen Grengeler Mauspfad, Hirschgraben und A59 | ÖPNV Bus 152, Haltestelle Eil/Heumarer Straße | Öffnungszeiten Nur sonn- und feiertags; April–Sept. 10–17, Okt.–März 10–17 Uhr | Tipp Sehr interessant ist auch das Haus des Waldes direkt an der Hofanlage.

35 Das Gremberger Wäldchen
Wo Kölns älteste Buchen wachsen

Weniger idyllisch könnte ein Waldgebiet kaum gelegen sein: in einem Dreieck nämlich, das von zwei Autobahnen und einer Güterbahntrasse gebildet wird. Nichtsdestotrotz findet sich hier ein für Köln ganz und gar außergewöhnlicher Baumbestand. Denn neben dem linksrheinischen Nüssenberger Busch wachsen in Gremberg die letzten Reste der ursprünglichen Kölner Wälder, die einst fast das gesamte heutige Stadtgebiet bedeckten.

Außer Eichen dominieren vor allem Buchen das Areal, die hier seit Jahrhunderten ganz autonom gedeihen und sich über Generationen selbst aussäen. 1898 kam das Gremberger Wäldchen in den Besitz der Stadt Köln, die hier eine Erholungslandschaft für die Bewohner Kalks anlegen ließ. 1928 schrieb der Stadt-Anzeiger: »In wenigen Minuten schon ist man am Waldrand angelangt, und freundlich lockt der grüne Forst in seinen Bereich. Schöner Buchen- und Eichenholzwald, streckenweise von Unterholz belebt, tut sich auf.« Die zunächst 76 Hektar große Fläche wurde seit den 1960er Jahren durch die Stadtautobahn und ihre Zubringer zerschnitten und um elf Hektar verkleinert. Die einzige menschliche Behausung bildet der Gremberger Hof an der Nordostecke, der um 1600 erstmals urkundlich erwähnt wurde. Daneben steht das ehemalige Forsthaus, ein imposantes, geradezu hochherrschaftliches Gebäude, das früher als Waldrestaurant betrieben wurde.

Am 10. April 1945 kam es im südlichen Teil des Wäldchens zu einem Massaker. Die Nazis unterhielten hier ein Lager für russische Zwangsarbeiter. An jenem Tag wurde es – das linksrheinische Köln war schon seit über einem Monat von Amerikanern besetzt – von Uniformierten umstellt. Sie setzten die Baracken in Brand und erschossen vierundsiebzig Menschen, die zu fliehen versuchten. Ein Gedenkstein sowie das von dem Künstler Klaus Balke geschaffene skulpturale Mahnmal »Trauernde Eltern« erinnern an das Verbrechen.

Adresse Zwischen A559, A4, dem Gremberger Ring und der Bahntrasse | **ÖPNV** Bus 153, Haltestelle Gremberg | **Tipp** Wo der Gremberger in den Vingster Ring übergeht, liegt das Vingster Freibad, ein hübscher See mit sanft abfallender Liegewiese und einem kleinen Sandstrand.

36 Der Großmarkt

Zwiebeln, Fisch und eine 132 Meter lange Parabel

Am Rande der Bonner Straße in Raderberg, mitten in der Nacht: In der Großmarkthalle sortieren Obst-, Gemüse-, Fisch- und Fleischhändler ihre Kisten, Gabelstapler surren durch die Gänge, und draußen warten die Kleinlaster für den Warentransport in den Einzelhandel.

Der ideale Ort, um dieses Gewusel zu beobachten, ist die Gaststätten-Empore über dem Eingangsbereich. Pächter halten sich hier zwar nie lange, deshalb ist der Laden meistens geschlossen. Aber die Treppen hinauf zum quer durchlaufenden Balkon sind auch in gastronomischen Ebbezeiten frei zugänglich. Von dort oben genießt man zudem den besten Blick auf die Großmarkthalle selbst.

Errichtet wurde sie 1937 bis 1940 als Ersatz für die seit 1904 bestehende Markthalle am Heumarkt. Als Architekt fungierte Theodor Teichen (1896–1963), der spätere Oberbaurat der Stadt Köln. Seinem Plan gemäß entstand eine 132 Meter lange Halle in Parabelform, technisch ausgedrückt: eine Betonschalenkonstruktion auf Stahlbeton-Bodenbindern.

Das auch heute noch modern-funktional wirkende Bauwerk vereint architektonische Ästhetik mit dem Aspekt der Materialreduktion. Licht gewinnt die Halle durch zwei im Norden gestaffelte Fensterfronten, außen durch schlanke Betonrippen gegliedert. Während der Blick auf die Halle heutzutage durch weitere Profanbauten verstellt ist, wurde der mutige Schwung des Gewölbes durch die eingeschossige Ausführung der angrenzenden Lagerhäuser ursprünglich noch deutlicher betont.

Inzwischen sind die Tage des Raderberger Großmarktes gezählt. 1,2 Millionen Tonnen Ware werden hier jährlich umgeschlagen, die ein Einzugsgebiet von 2,5 Millionen Verbrauchern beliefern. Aber ab 2020 soll er umziehen, irgendwo an die Stadtgrenze, an einen Ort mit besserer Verkehrsanbindung. Teichens Halle jedoch wird auch danach noch zu bewundern sein – sie steht unter Denkmalschutz.

Adresse Marktstraße 10 | **ÖPNV** Bus 132, 133, Haltestelle Mannsfeld | **Öffnungszeiten** Mo–Fr 2–13, Sa 2–8 Uhr | **Tipp** Wer der Marktstraße weiter gen Westen folgt, erreicht linker Hand den hübschen, von Fritz Encke gestalteten Vorgebirgspark (siehe »111 Kölner Orte«, Band 2, Seite 218).

37 Die Hallstattgräber am Pilzweg

Prähistorische Hügel und ein silberner Sarg

Man muss schon ein gewisses Quantum an historischem Einfühlungsvermögen mitbringen, um am Dellbrücker Pilzweg auf seine Kosten zu kommen. In einer an geschichtlichen Zeugnissen ärmeren Gegend wäre hier sicherlich ein kleines Museum errichtet worden, unterirdisch begehbar und mit Schauräumen ausgestattet, die von den vergangenen Zeiten erzählen. So jedoch sieht man zunächst einmal nichts weiter als einen grasbewachsenen Hügel inmitten einer Grünanlage. Kölnkennern mag sich hier die Vermutung aufdrängen, es handele sich um eine der typischen Trümmeraufschüttungen, wie man sie etwa vom Aachener Weiher her kennt. Aber weit gefehlt!

Zwar ist auch dieser Hügel nicht natürlichen Ursprungs, aber dafür weitaus älter als jene. Er stammt aus der frühen Eisen-, der sogenannten Hallstattzeit (800–475 v. Chr.). Von den damaligen Bewohnern Kölns ist wenig bekannt. Manche Wissenschaftler ordnen sie den Kelten zu, aber da sie keine schriftlichen Zeugnisse hinterließen, weiß man nichts über ihre Sprache. Sicher ist, dass sie als niedergelassene Bauern und Jäger lebten, denn nur so erklären sich die zahllosen Grabhügelfelder, die sie vor allem entlang dem rechtsrheinischen Mauspfad anlegten.

Bis Anfang des letzten Jahrhunderts fielen viele dieser letzten Ruhestätten Raubgrabungen zum Opfer. Im Volk soll eine Sage umgegangen sein: Im Gebiet der Thurner Heide sei ein reicher Heidenfürst in einem silbernen Sarg beerdigt worden – die Plünderer hofften, mit diesem Fund wohlhabend zu werden. Weitere Hügel wurden 1946 beim Bau des Ostfriedhofs eingeebnet. Die Anlage am Pilzweg konnte jedoch gerettet werden und steht heute unter Bodendenkmalschutz. Auf die Historie des Ortes weist lediglich eine schlichte, geduckte Stele hin. Aber immerhin sieht sie aus wie ein Grabstein.

Adresse Zwischen Pilz- und Schilfweg | ÖPNV S-Bahn 11, Haltestelle Dellbrück, dann etwa 15 Min. zu Fuß | **Tipp** Das größte Feld mit über zwölfhundert Gräbern wurde entlang der Iddelsfelder Hardt auf dem Ostfriedhof entdeckt. Ein noch erhaltener Hügel findet sich in Flur 43 nahe der Trauerhalle.

38 Der Hansasaal

Helden, Propheten und Kaufleute

Dreißig Meter lang ist er, 7,60 Meter breit, und an seiner höchsten Stelle erreicht er stolze 9,58 Meter – der Hansasaal gilt als das Kernstück des Historischen Kölner Rathauses. Im Zweiten Weltkrieg völlig ausgebrannt, musste der um 1330 errichtete Raum aufwendig rekonstruiert werden. Beim Betreten fällt dem Besucher damals wie heute sofort die Südwand ins Auge, die zum künstlerisch wertvollsten Inventar des Rathauses zählt. Neun Steinfiguren, aufgeteilt auf drei Dreiergruppen, symbolisieren die drei Zeitalter der Heilsgeschichte nach Augustinus. Die »Neun Guten Helden« im Einzelnen: die Heiden Alexander der Große, Hektor und Julius Cäsar, die Juden Judas Maccabeus, David und Josua sowie die Christen Gottfried von Bouillon, König Artus und Kaiser Karl der Große. Ihnen gegenüber an der Nordseite stehen acht Propheten-Statuen, geschaffen um 1410.

Der Hansasaal, einst auch für Gerichtsversammlungen genutzt, dient heute als vornehme Repräsentationsstätte des Kölner Rates. Hier empfängt der Oberbürgermeister ausländische Gäste und verteilt Orden an verdienstvolle Kölner Bürger. Die stete Kühle und das Dämmerlicht unter dem spitz zulaufenden gotischen Holzgewölbe geben dem Raum ein ganz eigenes Flair.

Seinen Namen verdankt er einem Ereignis vom 19. November 1367. Damals tagten hier die führenden Köpfe der Hanse, jener vom 12. bis ins 17. Jahrhundert bestehenden Kaufmannsvereinigung, der auch Köln angehörte. Beschlossen wurde an diesem Tag, einen Krieg gegen den Dänenkönig Waldemar IV. zu führen. Dieser hatte im Rahmen seiner Expansionsbestrebungen mehrere Hansestädte unterworfen und gefährdete die angestammten Handelsprivilegien der Kaufleute. Außerdem ging es um die Kontrolle über den Öresund. Drei Jahre später hatte die »Kölner Konföderation«, wie sich das Bündnis nannte, gesiegt. Waldemar unterzeichnete einen für die Hanse ausgesprochen günstigen Friedensvertrag.

Adresse Rathausplatz | **ÖPNV** Bahn 1, 7, 9, Haltestelle Heumarkt; Bus 132, Haltestelle Rathaus | **Öffnungszeiten** Der Hansasaal ist nur anlässlich Empfängen und Führungen (zum Beispiel von KölnTourismus, Tel. 0221/221-304 00) geöffnet. | **Tipp** Für die Bürger tagsüber geöffnet ist der Spanische Bau gegenüber dem Historischen Rathaus. Sehenswert sind das elegante Treppenhaus (siehe Seite 200) und das Stadtmodell im Maßstab 1:500 (siehe »111 Kölner Orte«, Band 2, Seite 198).

39_ Der Heinrich-Böll-Platz

Ein Platz, der keiner sein darf

Die Erinnerung an den Literatur-Nobelpreisträger Heinrich Böll (1917–1984) wird in Köln auf verschiedenste Weise wachgehalten. 1982 verlieh man ihm die Ehrenbürgerwürde, und seit 1985 sind der bedeutendste Literaturpreis der Stadt sowie ein Platz nach ihm benannt. Aber wie es zwischen den Ratsparteien Querelen um jene Auszeichnungen gab, so entwickelte sich auch der Heinrich-Böll-Platz zu einem veritablen architektonischen – und vor allem akustischen – Problem.

Angelegt wurde dieses Areal nämlich über der Philharmonie, deren Dach es somit bildet. Und wer sich nun einen professionellen Musiker vorstellt, über dessen Kopf Tausende von Fußgängern trotten oder gar Skater ihre Kunststücke zelebrieren, der ahnt, wo hier der Hase im Pfeffer liegt. Praktisch mit seiner Einweihung musste der Böll-Platz auch zum ersten Mal abgesperrt werden und wird es seitdem während jeder Probe und jeder Aufführung des Konzerthauses. Da jedoch der gesamte Platz als Environment-Kunstwerk des Israelis Dani Karavan gestaltet wurde, kann man hier nicht mal so eben mit dem Bagger Abhilfe schaffen. Die filigran-länglichen Pflastersteine wurden nur lose verlegt, damit das in den Fugen wachsende Gras sie binde. Aber der Künstler hatte sich verrechnet. Das Gras wuchs nicht, aufwendige Experimente mit verschiedenen Mörteln schlossen sich an.

Und selbst wenn der Bodenbelag felsenfest verschweißt wäre, bliebe noch immer das Hauptproblem: Für den Schallschutz hätte auch diese Verankerung keinerlei Wert. Mögliche Lösungen – die Verlegung von akustischen Schutzmatten unter das Pflaster oder eine deutliche Erhöhung des Daches – sind in nächster Zukunft unbezahlbar. Und so werden weiterhin bei gegebenem Anlass uniformierte Ordner diesen Platz säumen, der keiner sein darf. Und jeden verirrten Flaneur oder Radler mit ihrem »Hallo! Außen rum!« in die Schranken weisen.

Adresse Zwischen Dom, Museum Ludwig und Rheinufer | **ÖPNV** Bahn 5, 16, 18; Bus 132, jeweils Haltestelle Dom/Hbf. | **Öffnungszeiten** Ganzjährig, außer bei Proben und Konzerten der Philharmonie | **Tipp** Heinrich Böll war kein großer Freund des Doms, spazierte aber gern am nahen Rhein entlang.

40___ Die Helios-Werke

Ein Leuchtturm fernab der See

Ehrenfeld war noch eine selbstständige Stadt, als 1882 die »Helios AG für elektrisches Licht und Telegraphenanlagenbau« gegründet wurde. Als Standort wählte man ein Gelände an der Venloer Straße, weil hier eine Pferdebahn-Strecke nach Köln verlief. Außerdem lag der Bahnhof Ehrenfeld nicht fern. Das Werk, das in seinen Gründertagen als eines der innovativsten seiner Art galt, sattelte früh auf das damals neue Wechselstromsystem um. Elektrizitätswerke aus Ehrenfeld wurden europaweit verkauft.

Zu Werbe- und Repräsentationszwecken leistete sich der Betrieb ein außergewöhnliches Markenzeichen: einen 44 Meter hohen Leuchtturm, Hunderte Kilometer entfernt vom nächsten Meer. Aber Helios genoss auch an der fernen Küste hohes Ansehen. Aus Ehrenfeld kam nicht nur die Elektrik für die Leuchtfeuer von Borkum und Wangerooge, sondern ab 1895 zudem die komplette Signaltechnik für den Nord-Ostsee-Kanal. Zwar verlor Helios seinen internationalen Rang recht bald an Siemens und AEG, aber auch heute noch ragt der Leuchtturm hoch über dem Stadtteil auf. Für seine Errichtung entstand zunächst ein quadratisches Sockelgebäude an der Nordwestecke der Werkhalle. Darauf wurde dann der runde, sich nach oben hin verjüngende Turm gesetzt. Zwischenzeitlich verfallen, steht er seit 1986 unter Denkmalschutz und erhielt zehn Jahre später ein neues Lampenhaus, das inzwischen abends wieder schwach beleuchtet ist. Dass er einst eine Rolle als Leuchtfeuer für die Binnenschifffahrt auf dem Rhein gespielt habe, ist allerdings eine – oft kolportierte – Mär.

Zusammen mit dem Verwaltungsgebäude, dem Helioshaus, bilden Turm und Hallen im Moment noch eines der besterhaltenen Industrieensembles der Stadt. Dies wird sich jedoch in nächster Zukunft ändern. Zur Zeit (Stand: April 2011) plant hier die Bauwens-Gruppe eine Mischbebauung samt großem Einkaufszentrum, während die Bürgerinitiative »Helios« dagegen ankämpft.

Adresse Ecke Venloer und Heliosstraße | **ÖPNV** Bahn 3, 4, Haltestelle Venloer Straße/Gürtel | **Öffnungszeiten** Der Turm kann nur im Rahmen von Sonderführungen, etwa am Tag des offenen Denkmals, von innen besichtigt werden. | **Tipp** An der Ecke Christian- und Venloer Straße liegt die Braustelle. Das Kölsch dieses kleinsten Brauhauses der Stadt trägt einen einleuchtenden Namen: Helios.

41 Hinter C&A

Ein Ort von absoluter Trostlosigkeit

Die Anlage der Nord-Süd-Fahrt ab Mitte der 1950er Jahre hat viele städtebauliche Wunden gerissen. So manche urbane Brache entstand dabei, deren Sinn sich nur historisch erschließt. Eine der verrücktesten ist der kleine Gehweg hinter dem Kaufhaus C&A, direkt an der Nord-Süd-Fahrt.

Wer den Eingangsbereich des Schuhgeschäfts Kämpgen (links neben C&A) betritt, hat zwei Möglichkeiten des Fortschreitens: Entweder er entert den Laden, oder er geht durch eine merkwürdig deplaziert wirkende Seitentür links vor dem Verkaufsraum. Und dahinter liegt es dann, jenes bizarre Trottoir, das mit »Niemandsland« noch freundlich umschrieben ist. Während links unterhalb der engen Schneise der Verkehr rauscht, steigt zur rechten die fensterlose Kaufhausfassade auf. Dass sie ab dem ersten Stockwerk über den Gehweg wächst, erhöht noch das klaustrophobische Potenzial des Ortes. Unmotiviertes ornamentales Mauerwerk ziert einen Teil des Geländers, während gegenüber – wer hätte das hier vermutet? – ein Römerrelikt an der Wand hängt: die Kopie eines hier gefundenen Weinaltars aus dem 2./3. Jahrhundert. Die eingemeißelte Inschrift verweist auf einen glücklichen Spender: »Den Aumenahenischen Müttern geweiht. O.J.V. hat sein Gelübde gern und über Gebühr eingelöst.«

Vorbei an dunkel verspiegelten Glastüren ohne Klingeln und Namensschildchen wird die Wand plötzlich farbig. Ein knatschbuntes Kachelrelief zeigt auf gut zehn Metern Szenerien des kölschen Hänneschentheaters. Ohne jeden Kunstwillen geschaffen, sind die Gesichter doch sehr aufschlussreich. Denn aus den Augen von Tünnes, Schäl, Hänneschen und Bärbelchen spricht vor allem eines: absolute Trostlosigkeit, diesem Ort völlig angemessen.

Nach insgesamt rund dreißig Metern ist der Spuk dann vorbei: Die Nord-Süd-Fahrt erreicht wieder Bürgersteigniveau, und der obskure Weg geht in der Streitzeuggasse auf.

Adresse Zwischen C&A und Nord-Süd-Fahrt | **ÖPNV** Bahn 1, 3, 4, 7, 9, 16, 18, Haltestelle Neumarkt | **Tipp** Wer diese Besichtigung überstanden hat, braucht eine Stärkung. Kongenial ist der McDonald's im Untergeschoss von C&A.

42 Der Hochbunker in der Elsaßstraße

Ein Wandbild und seine Geschichte

Äußerlich macht er nicht viel her, dieser Bunker aus dem Jahr 1942. Mit der Fassadenfront und der Höhe eingepasst in die Zeile der Häuser, unterscheidet er sich von diesen nur durch seine Fensterlosigkeit. Aber wie so oft in Köln ist es weniger die Architektur als die Geschichte des Ortes, die ihn interessant macht. Und diese ist dem Bunker aufgemalt worden in Form eines Wandgemäldes. Es zeigt ein zerbrochenes Hakenkreuz, außerdem eine Frau, die aus ihrem Fenster heraus Blumentöpfe und Küchenutensilien gegen einen Mann auf der Straße feuert. Dieser ist uniformiert und hat den rechten Arm zum Hitlergruß erhoben.

Den historischen Hintergrund bildet ein Ereignis vom 3. März 1933. SA-Truppen feierten die gerade erfolgte Machtübernahme der Nazis durch einen Umzug von der Innenstadt nach Bayenthal. Dabei passierten sie auch die Elsaßstraße, traditionell bewohnt von sozialdemokratischen oder kommunistischen Arbeiterfamilien. Ein einzelner Flaschenwurf macht den Anfang, es kommt zum Tumult. Fast der ganze Straßenzug ist auf den Balkonen und Dächern, um die SA-Schergen mit Nudelrollen, Nachttöpfen und Mülltonnen einzudecken. Diese, völlig unbewaffnet, fordern Verstärkung an, woraufhin die Polizei mit einem Panzerwagen vorfährt und das ganze Viertel abriegelt. Über siebzig Personen werden festgenommen und die übrigen Anwohner für 72 Stunden unter Hausarrest gestellt. Auch in den folgenden Tagen werden die Menschen immer wieder von Razzien heimgesucht und zahlreiche Wohnungen völlig verwüstet.

Das Wandbild des Künstlers Klaus Paier wird immer wieder von Graffiti-Sprühereien verunstaltet. Einmal ließ es sogar die Stadt übermalen – und dies ausgerechnet an einem 20. April, dem Geburtstag Adolf Hitlers.

Adresse Elsaßstraße 42–46 | **ÖPNV** Bahn 15, 16; Bus 132, 133, jeweils Haltestelle Chlodwigplatz | **Öffnungszeiten** Der Bunker ist für die Öffentlichkeit nicht zugänglich. | **Tipp** Einige Reste der Arbeiterkultur in der Elsaßstraße sind erhalten geblieben, so das Haus Nr. 63, eine ehemalige Mietskaserne der Firma Felten & Guilleaume.

43 Das Hotel im Wasserturm

En d'r Kayjass No. 2

Die Kaygasse in der südlichen Innenstadt ist eine folkloristische Topadresse. Hier nämlich spielt jener Evergreen vom Lehrer Welsch und der »steinahl Schull«, in der er seinen Schülern angeblich beibrachte: »Dreimol Null es Null bliev Null«. Dass der echte Welsch eigentlich an einer Hilfsschule in Kalk unterrichtete, sei zugunsten der Legende hintangestellt. Tatsächlich steht allerdings heutzutage an der »Kayjass« eine Schule, die katholische Hauptschule Großer Griechenmarkt. Berühmter und imposanter jedoch ist ein anderes Gebäude ein paar Meter weiter: der Wasserturm des englischen Ingenieurs John Moore. Mit seinen 34 Metern Durchmesser und 35,5 Metern Höhe war er bei seiner Einweihung 1872 der höchste seiner Art in ganz Europa. Der ursprüngliche Wasserbehälter diente bis in die 1930er Jahre als Frischwasserreservoir der Innenstadt. Im Zweiten Weltkrieg wurde er dann zeitweise als Hochbunker genutzt und stark durch Fliegerbomben beschädigt.

Seine vorerst letzte Bestimmung fand der Turm in den Jahren 1986 bis 1990, als er zu Kölns spektakulärstem Luxushotel umgebaut wurde. Nach Plänen des Architekten Konrad L. Heinrich entstanden insgesamt 88 Zimmer und Suiten, in denen die Übernachtung zwischen 215 und 860 Euro kostet. Wen diese Preise abschrecken, der hat dennoch die Möglichkeit, das Gebäude auch von innen zu besichtigen. Anbieten würde sich etwa ein Besuch von Harry's Bar im Erdgeschoss, denn dabei durchschreitet man die elf Meter hohe Eingangshalle. Wände und Stützsäulen schmücken historische Backsteine, auf halber Höhe verlaufen begehbare Brückenverbindungen. Wie Heinrich, so war auch die Innenarchitektin Andrée Putman bestrebt, der historischen Bausubstanz Rechnung zu tragen: Die runde Form des Gebäudes dominiert sämtliche Einrichtungsdetails von den Lampen bis zu den Türbeschlägen.

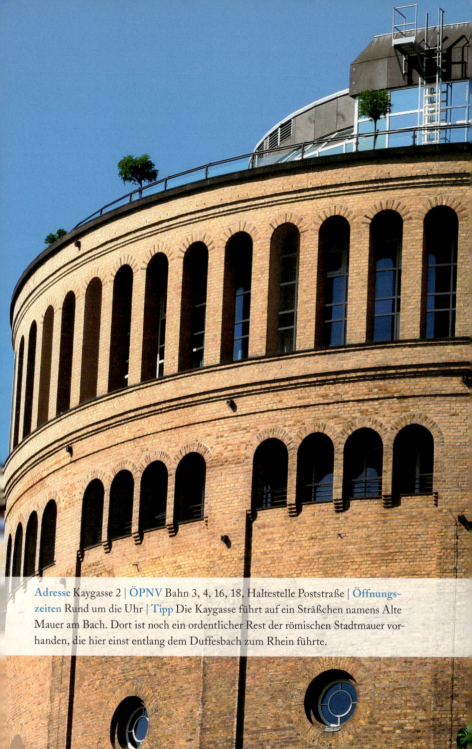

Adresse Kaygasse 2 | **ÖPNV** Bahn 3, 4, 16, 18, Haltestelle Poststraße | **Öffnungszeiten** Rund um die Uhr | **Tipp** Die Kaygasse führt auf ein Sträßchen namens Alte Mauer am Bach. Dort ist noch ein ordentlicher Rest der römischen Stadtmauer vorhanden, die hier einst entlang dem Duffesbach zum Rhein führte.

44 Die Hühnergasse

Doornkaat-Cola und die Kießling-Affäre

Die kaum fünfzig Meter lange, leicht gebogene Furt liegt genau zwischen Heu- und Alter Markt. Trotz ihrer zentralen Lage wird sie von den Touristenströmen der Altstadt kaum berührt. Der Grund: Hier verkehren fast ausschließlich schwule Nachteulen und junge Stricher, die Gasse steht nicht gerade in bestem Ruf.

Trotzdem, oder gerade deshalb, lohnt sich ein Besuch dieses schrägen Ortes mit seinen schummrigen Kneipenfenstern. Und Geschichte geschrieben hat er auch. 1983/84 war das, das Le Carussel hieß damals noch Tom-Tom. Personal und Gäste wollten dort den Vier-Sterne-General Kießling an der Theke gesichtet haben. Nach Vorlage von Fotos behaupteten sie, der Mann stelle sich hier als »Jürgen von der Bundeswehr« vor. Wie viele beflissene Bürger war auch Verteidigungsminister Manfred Wörner der Meinung, ein schwuler General untergrabe die Moral der Truppe und müsse schnellstens entfernt werden.

Nachforschungen der Presse und Debatten im Bundestag förderten jedoch zutage, dass die »Vorwürfe« gegen den General nicht einmal andeutungsweise haltbar waren. Schließlich meldete sich auch noch der lang gesuchte »Jürgen«. Der gelegentliche Gast des Tom-Tom (Lieblingsgetränk: Doornkaat-Cola) hatte wirklich einmal als Wachmann für ein Munitionsdepot gearbeitet. Um ihn mit Kießling zu verwechseln, musste man allerdings mehr Doornkaat als allgemein zuträglich getrunken haben: Jürgen war nicht nur jünger, größer und dicker als der General, sondern trug im Gegensatz zu diesem auch noch einen Schnäuzer.

Seinen Hut nehmen musste letztlich allerdings nicht der Herr Minister, sondern trotz allem Günter Kießling. Nach kurzer Rückkehr in den Dienst wurde er »ehrenhaft« entlassen, so ehrenhaft, dass man ihn zum Bundeswehr-Jubiläum 1985 als einzigen Vier-Sterne-General nicht einlud. Manfred Wörner hingegen stieg drei Jahre später zum NATO-Generalsekretär auf.

Adresse Zwischen Heu- und Alter Markt | **ÖPNV** Bahn 1, 7, 9; Bus 132, 133, jeweils Haltestelle Heumarkt | **Tipp** In Köln scheint seit Jahrhunderten ein unbewusster Hühnerkult zu grassieren. So könnte etwa ein Stadtrundgang von der Hühner- zur Huhnsgasse und sodann von der Hahnenstraße zum Hahnentor führen. Wer sich dann mit einem Halven Hahn stärkt, schafft es vielleicht auch noch bis Hahnwald – augenzwinkernd, versteht sich!

45 Die Humboldtsiedlung

Vom Fliegerhorst zum Wohnquartier

Das über Jahrhunderte ländlich geprägte Ostheim geriet erstmals 1937 in den städtischen Fokus. Im Juni des Jahres wurde der »Fliegerhorst Ostheim« eröffnet, ein bis zum heutigen Neubrück reichender Flugplatz der Nazis. Zu Anfang der 1940er errichteten die Klöckner-Humboldt-Deutz-Werke (KHD) im Süden des Ortes eine Siedlung für Zwangsarbeiter. Fünfzehn jeweils 230 Quadratmeter große, überaus schlichte Baracken entstanden. Bereits 1944 wurden die Häuser dreigeteilt, um ausgebombte Mitarbeiter der Fabrik zu beherbergen. Und während von jenem Flugplatz heute kaum noch Spuren existieren, besteht die Humboldtsiedlung, wie sie getauft wurde, noch immer.

Dass das Leben hier weiterging, ist vor allem dem Zusammenhalt der Nachkriegsbewohner zu verdanken. Denn kaum hatte die Stadt 1974 das Gelände von KHD übernommen, drohten auch schon die Bagger anzurücken. Den Mietern wurde mitgeteilt, dass sie alsbald mit der Kündigung zu rechnen hätten, leer stehende Wohnungen wurden nicht mehr vermietet und die Zugänge mit Brettern vernagelt. Aber das standhafte Beharren der Anwohner und massive Proteste von Initiativen führten schließlich 1980 zur Aufsetzung neuer, mieterfreundlicher Verträge. Sie legten einen über zehn Jahre laufenden Mietzins von zwei DM pro Quadratmeter fest.

Auch zu Anfang der 2000er Jahre ging in Ostheim noch einmal die Angst um, als mehrere Häuser für über zwei Jahre unbewohnt blieben und die städtische Verwaltung die Standsicherheit mancher Aufbauten kleinlich in Frage stellte. Dabei ist es gerade die unkonventionelle Architektur der einstigen Baracken, die einen Gang durchs Viertel so reizvoll macht. Nachkriegsfotos dokumentieren unverputzte Außenwände und wegelose, unbegrünte Brachen. Heutzutage hingegen präsentiert sich hier jede Parzelle als Unikat, erwachsen aus den individuellen Vorstellungen und handwerklichen Fähigkeiten ihrer Bewohner.

Adresse Zwischen Frankfurter und Brettener Straße | **ÖPNV** Bahn 9, Haltestelle Ostheim | **Tipp** Im Sommer lohnt es sich, den Weg nach Ostheim mit einem Abstecher ins Vingster Bad (am Vingster Ring) zu verbinden. Das ehemalige Baggerloch mit seiner sanft abfallenden Liegewiese gilt als eines der schönsten Naturfreibäder der Stadt.

46 Im Bauch der Deutzer Brücke

Spannbeton und Adenauergrün

Drei durch Betonwände getrennte, spärlich beleuchtete Räume, ein jeder nur rund zehn Meter breit, aber dafür so lang wie ein Fußballplatz: Das ist der Bauch der Deutzer Brücke. Wer ihn betreten will, von der Markmannsgasse oder vom Deutzer Ufer aus, muss sich bücken, der Einstieg ist nur einen guten Meter hoch. Dahinter öffnet sich sodann der erste der drei Tunnel, grau und kahl bis auf die an den Wänden entlanglaufenden Leitungen und Versorgungsrohre. Der Querschnitt der Räume entspricht einem oben und unten nach außen gewölbten Rechteck. Jeweils zum Ende hin fällt der Boden ein paar Meter ab, um hinter der nächsten Luke wieder aufzusteigen. Unterbrochen werden die Wände von einigen wenigen vergitterten Fenstern. Der Ausblick erinnert an ein Inselgefängnis: Nach unten hin gähnt der Abgrund mit dem wild wassernden Fluss, und die Sicht auf den Himmel ist mit Stahl versperrt.

Dieser Stahl wurde übrigens, wie die meisten Kölner Brücken, mit dem »Kölner Brückengrün«, auch »Adenauergrün«, bestrichen. Der legendäre Ex-OB hatte sich eine patinagrüne Farbe gewünscht, die dann 1929 von der Firma Bayer entwickelt wurde. Das Chromoxidgrün, wie es in der Fachsprache heißt, gilt als besonders lichtbeständig und wetterfest.

Dass die Deutzer Brücke überhaupt erwandert werden kann, verdankt sich einem architektonischen Kuriosum. Bei der Erweiterung 1976 bis 1980 wurde die massive Stahlkonstruktion von 1948 um eine hohle Spannbetonbrücke ergänzt, damals eine äußerst umstrittene Entscheidung. Wer hier den Fluss überquert, bewegt sich zugleich auf historischem Terrain. An gleicher Stelle stand ab 310 die römische Konstantinbrücke. Nach dem Ende der Römerherrschaft verfiel sie, und Köln wartete bis zum Jahr 1859 auf die zweite feste Rheinbrücke.

Adresse Einstiege an der Markmannsgasse und am Deutzer Ufer | **ÖPNV** Bahn 1, 7, 9, Haltestelle Heumarkt oder rechtsrheinisch Haltestelle Deutzer Freiheit | **Öffnungszeiten** Unregelmäßig anlässlich von Kunstausstellungen und Konzerten | **Tipp** Wer die Brücke einmal von innen durchquert hat, sollte den Rückweg über ihren Buckel machen. Der plötzlich wieder freie Blick auf Fluss und Stadt intensiviert den Eindruck des Tunnelmarsches.

47 Die Indianersiedlung
Alternatives Leben am Grünrand der Großstadt

Man verläuft sich schnell in diesem Labyrinth kleiner und kleinster Anwesen. Hier wiehern Pferde, dort gackern Hühner. Eben noch war der Weg wenigstens eineinhalb Meter breit, aber hinter der nächsten Kurve passen schon keine zwei Menschen mehr nebeneinander. Und dort vorn ist endgültig Schluss: Sackgasse.

Die Geschichte der sogenannten »Indianersiedlung« beginnt Ende der 1920er Jahre. Nach der Weltwirtschaftskrise erhielten verarmte, kinderreiche Familien die Gelegenheit, sich hier eine Parzelle zu bebauen. Die architektonischen Auflagen wurden bewusst gering gehalten, schließlich musste hier mit allem operiert werden, was billig oder kostenlos greifbar war. Zweitverwertet wurden deshalb vor allem Materialien einer abgebrochenen Zollstocker Ziegelei. Maßen die Grundstücke anfangs noch bis zu 2.500 Quadratmeter, so änderte sich das im und nach dem Zweiten Weltkrieg rasant. Immer weiter wurde unterteilt, um Ausgebombten aus der Innenstadt ein Obdach zu bieten.

Seit den späten 1960ern war die Siedlung permanent vom Abriss bedroht. Mehrere städtische Flächennutzungspläne sahen vor, das Areal für die Erweiterung des angrenzenden Südfriedhofs zu nutzen. Der hartnäckige Widerstand der Bewohner gipfelte jedoch am 30. Juni 1988 in einem Ratsbeschluss, der den »Bestandsschutz« der Häuser garantierte.

Der letzte große Sprung gelang schließlich 2003. Nach jahrelangen Verhandlungen mit dem Eigner, der Deutschen Bahn, wurde das Gelände für zwei Millionen Euro Eigentum der Siedlungsgenossenschaft. Die neue Sicherheit in der Lebensplanung sorgte für einen kleinen Bau-Boom, der nicht jeder ehemaligen Hütte guttat. Aber wirklich verschandeln kann man dieses anarchische Biotop dann doch nicht. Und ein Tipp für alle Verirrten: Sämtliche größeren Wege, durchbuchstabiert von R bis V, führen nach Rom, das hier »Kalscheurer Weg« heißt.

Adresse Zwischen Kalscheurer Weg und Bahntrasse in Zollstock | **ÖPNV** Bahn 12, Haltestelle Zollstock/Südfriedhof | **Tipp** Einen Abstecher wert ist der Südfriedhof (siehe Seite 28). Folgt man dem Oberen Komarweg über den Militärring, gelangt man zudem zum pittoresk gelegenen Kalscheurer Weiher (siehe Seite 108).

48 Der Invalidendom

Louis XIV. und das Früh em Veedel

Heinrich Böll soll hier, irgendwann vor dem Zweiten Weltkrieg, sein erstes Bier getrunken haben. Und wenn man das Früh em Veedel heute betritt, möchte man glauben, dass es sich seit den Zeiten des späteren Nobelpreisträgers nicht wesentlich verändert hat. So hell gescheuert die brauhaustypischen Ahorntische, so dunkel gebeizt kommt das übrige Interieur daher. Die traditionell am Dom beheimatete Brauerei war 1904 von Peter Joseph Früh gegründet worden. Ihr offizieller Name lautete damals Cölner Höfbräu P. J. Früh, inzwischen ist sie die drittgrößte Brauerei der Stadt. Die Familie soll Kritik geerntet haben, als sie einst die Gaststätte Hermann am Severinstor als zweite Dependance übernahm. Aber der alltägliche Zulauf der Gäste und das geschichtsträchtige Ambiente sprechen für sich. Heutzutage ist die Kneipe eine aus der Südstadt nicht mehr wegzudenkende Institution.

Warum das Veedelsfrüh im Volksmund auch »Invalidendom« genannt wird, darüber streiten sich die Geister. Definitiv falsch ist die Vermutung, dass das Gebäude einst als Siechenhaus direkt vor der Stadtmauer fungiert habe. Denn errichtet wurde es 1879 als historisch belegte Kornbrennerei. Näherliegend ist da schon die Behauptung von Kunstfreunden, die neogotischen Maßwerkfenster über dem Eingang stellten eine Verbindung zum original Pariser Invalidendom her. Dieser wurde zwar 1679 bis 1708 in barock-klassizistischem Stil gestaltet, aber was Legenden angeht, muss man mit historischen Parallelen schließlich stets etwas lockerer umgehen.

Und zwar so: Der französische »Dôme des Invalides« war von König Louis XIV. zur Versorgung von Kriegsversehrten in Auftrag gegeben worden. Und im Kölner Brauhaus an der Severinstorburg trafen sich einst bereits in den Morgenstunden die südstädtischen Veteranen des Ersten Weltkriegs zu Bier und Schnaps. Viele von ihnen hatten einen Arm oder ein Bein verloren, waren also Invaliden. – Und damit wird die Sache rund!

Adresse Chlodwigplatz | **ÖPNV** Bahn 15, 16; Bus 132, 133, jeweils Haltestelle Chlodwigplatz | **Öffnungszeiten** Mo–Sa 11–1 Uhr | **Tipp** Historischen Charme versprühen neben dem Invalidendom auch die Ubierschänke (Ubierring 19) und das Backes (Darmstädter Straße 6).

49 Der Jüdische Friedhof in Bocklemünd

Kunstvolle Grabsteine und bedeutende Denkmäler

Kölns mit fast 50.000 Quadratmeter größter jüdischer Friedhof empfängt den Besucher in neoklassizistischem Stil. Die 1930 eingeweihte Trauerhalle ist ein Werk des Architekten Robert Stern, dessen strenge Fassadenkomposition durch die farbenfrohe Ausgestaltung im Innern kontrastiert wird: Lilafarbene Wände rahmen gelbe Säulen, die zu einer blauen, sternengeschmückten Decke aufragen.

Die 1918 eingeweihte Begräbnisstätte bildet die Südwestecke des Kölner Westfriedhofs. Direkt hinter der Trauer- und Eingangshalle öffnet sich die Mittelachse des Areals zu einem symmetrisch angelegten Platz. Neben den zum Teil sehr kunstvoll gestalteten Grabsteinen verfügt der Friedhof über einige bedeutende und historisch interessante Denkmäler. Die mit Davidsternen, Menora und Torarollen ausgestattete Skulptur auf der zentralen Allee des Friedhofs wurde über einem Ritualgrab errichtet. An dieser Stelle versteckten jüdische Kölner nach der Reichspogromnacht jene religiösen Gegenstände, die sie aus den zerstörten Synagogen hatten retten können. Wiedergefunden wurde der Schatz erst bei Bauarbeiten 1979, um sodann noch einmal standesgemäß bestattet zu werden. Deutlich älter sind jene 58 Fragmentsteine im Lapidarium der Anlage. Sie entstammen dem 1695 geschlossenen und 1936 eingeebneten Friedhof am Raderberger Judenbüchel. Datiert werden sie auf das 12. bis 15. Jahrhundert. Weiter hinten erinnert ein pyramidaler Stein an die gefallenen jüdischen Soldaten des Ersten Weltkriegs.

Der Bocklemünder Friedhof wird bis heute belegt. Berühmtester Toter: der Kaufmann Leonhard Tietz (1849–1914). Sein 1891 eröffnetes Geschäft auf der Hohe Straße mussten seine Nachkommen auf Druck der Nazis weit unter Wert in »arische« Hände geben. Seit 1936 und bis heute heißt es »Kaufhof«.

Adresse Ecke Venloer Straße und Militärring | **ÖPNV** Bahn 3, 4; Bus 126, 143, 145, jeweils Haltestelle Bocklemünd | **Öffnungszeiten** Nov.–Feb. 8–17, März 8–18, April–Sep. 7–20, Okt. 7–19 Uhr (männliche Besucher sind angehalten, eine Kopfbedeckung zu tragen) | **Tipp** Auch auf dem christlichen Westfriedhof wird der Opfer der Nazizeit gedacht. So etwa auf dem Ehrenhain in Flur V mit der Bronzeplastik »Jünglinge im Feuerofen« von Herbert Calleen.

50_Der Kalscheurer Weiher

Nilgänse, Kormorane und ein fantastischer Sonnenuntergang

In den Schneisen des Äußeren und Inneren Grüngürtels finden sich zahlreiche Weiher. Bei Ausflüglern beliebt sind beispielsweise der Decksteiner und der Aachener Weiher oder der kleine Teich im Volksgarten. Relativ unbekannt und dementsprechend schwach frequentiert blieb dagegen bis heute der Kalscheurer Weiher im südlichen Zollstock. Zu Unrecht, wie man betonen muss! Denn hier gilt es ein echtes Kleinod zu entdecken.

Am besten erkundet man das Areal per Tret- oder Ruderboot. Die alten Betreiber hatten schließen müssen, ihre romantische Bretterbude wurde gegen starke Proteste aus der Bevölkerung entfernt. Nach langem Leerstand erhielt schließlich die Bürgerinitiative Kalscheurer Weiher den Zuschlag für einen neuen Kiosk samt Bootsverleih. Vor dem westlichen Ufer liegt eine unter Naturschutz stehende kleine Vogelinsel. Das Betreten des dschungelartigen Eilands ist zwar verboten, nicht aber die Beobachtung der an der Böschung brütenden Tiere. Hobbyfotografen haben am Kalscheurer Weiher neben Schwänen und Enten schon Graureiher, Habichte, Nilgänse und Kormorane vor die Linse bekommen.

Ein paar Ruderschläge weiter am Südufer sollte man sein Boot für einige Minuten vor Anker gehen lassen. Wenige Meter entfernt, versteckt unter einer Baumgruppe, findet sich dort nämlich ein gut erhaltenes Römergrab. Die steinerne Kammer wurde 1928 bei der Anlage des Grüngürtels entdeckt und gehörte zu einem damals weit vor den Toren der Stadt gelegenen Gutshof. Ein zentrumsnaher Anschluss war jedoch zu jener Zeit schon vorhanden, handelt es sich bei der nahe gelegenen Brühler Land- doch um eine alte römische Heerstraße.

Wieder am Steg angelangt, möge man sich noch zu einem Kölsch oder Kaffee niederlassen. Weil der dem Bootsverleih angeschlossene Biergarten genau gen Westen ausgerichtet ist, erlebt man hier sommers einen der schönsten Sonnenuntergänge Kölns.

Adresse Zwischen Brühler Landstraße, Militärring und Oberer Komarweg | **ÖPNV** Bahn 12, Haltestelle Zollstock/Südfriedhof; Bus 131, Haltestelle Heeresamt | **Öffnungszeiten** Fr u. Sa ab 14, So ab 13 Uhr (Genaueres s. www.kalscheurer-weiher.de) | **Tipp** Auf der anderen Seite des Oberen Komarwegs liegen die Ruinen des ehemaligen preußischen Forts VII. Im Gegensatz zu vergleichbaren Bastionen befindet sich diese in einem pittoresken Verwilderungszustand.

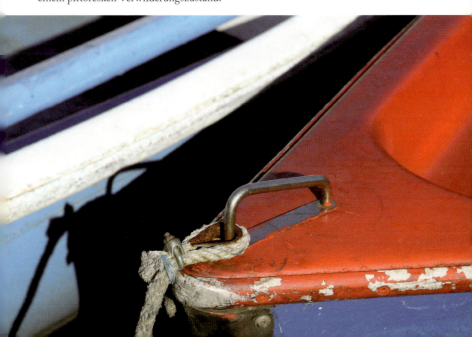

51 Das Kalte Eck

Totensteine am Rheinufer

Wer der Markmannsgasse bis zum Rheinufer folgt, passiert ein etwa zweieinhalb Quadratmeter großes, in den Boden eingelassenes Rechteck. Es besteht aus unterschiedlichen, jeweils individuell gestalteten Pflastersteinen, in die Namen eingemeißelt wurden – manche davon vollständig, manche abgekürzt. Eine kleine Metalltafel auf der entlanglaufenden Mauer erklärt den Hintergrund: Hier, am sogenannten »Kalten Eck«, wird Kölner Aids-Toten gedacht.

Die Installation geht auf ein Projekt des Künstlers Tom Fecht während der documenta IX von 1992 zurück. »Mémoire nomade (Namen und Steine)« hieß es. In den nächsten Jahren entstanden gut vierzig temporäre und feste Ausstellungen mit über 17.000 Steinen. Fecht (geb. 1952), der unter anderem Kybernetik studierte, begann 1969 mit der Organisation von Happenings, Fluxusaktionen und Landart-Projekten. Außerdem gründete er 1972 die »Elefanten Press Galerie«, aus der sechs Jahre später der gleichnamige Verlag hervorging. Beim Kalten Eck ging es ihm darum, ein »nomadisierendes Gedächtnis und ein europaweites Epitaph des Gedenkens und der praktischen Solidarität mit HIV-infizierten Menschen« zu schaffen. Die Steine sollten dabei stets an solchen Orten eingelassen werden, an denen die Verstorbenen ihren Alltag verbrachten. Fünf Jahre dauerte die Suche nach einer passenden Stelle in Köln, und sie scheint gut gewählt. Am Heumarkt und in den umliegenden Gassen finden sich zahlreiche Schwulenkneipen, auf dem Platz wird seit Jahren der Christopher Street Day gefeiert. Und schon im Mittelalter galt er als heimlicher Treffpunkt für Homosexuelle.

Ähnlich den Stolpersteinen seines Kollegen Gunter Demnig wirken Fechts Bodenmosaike wie eine Bremse im Fluss des Fußgängerverkehrs. Heutzutage kümmert sich die Kölner Aids-Hilfe um die Pflege der Anlage. Obwohl der Künstler das Projekt im Jahr 2000 auslaufen ließ, besteht die Möglichkeit, die restlichen freien Erinnerungssteine auch zukünftig mit Namen zu versehen.

Adresse Verlängerung der Markmannsgasse gen Rheinufer | **ÖPNV** Bahn 1, 7, 9, Haltestelle Heumarkt | **Tipp** Die homosexuelle (hauptsächlich: schwule) Alltagskultur manifestiert sich zwischen Waid-, Heu- und Alter Markt ganz offen in Form zahlreicher Kneipen, Clubs und Geschäfte. Heute sind sie integraler Bestandteil der altstädtischen Vergnügungszone.

52 Der Karl-Berbuer-Platz

Ein Narrenschiff in mittelalterlichem Fahrwasser

Karl Berbuer (1900–1977) war gelernter Bäcker. Unsterblich gemacht haben den gebürtigen Kölner jedoch nicht seine Brötchen, sondern das Liedgut des späteren Sängers und Komponisten. Weit vorn in seinem Werk steht der Song »Wir sind die Eingeborenen von Trizonesien« – eine Anspielung auf die deutsche Aufteilung unter den Besatzungsmächten. 1948 als Kölner Karnevalsschlager erschienen, schmetterte man das Lied bald in ganz Deutschland. Und in Ermangelung einer eigenen Nationalhymne spielte man es sogar vor zahlreichen internationalen Sportbegegnungen der frühen Nachkriegszeit.

Sein Denkmal am Rande der Severinstraße erinnert an einen weiteren Evergreen: das »Müllemer Böötche« oder, wie der Titel richtig lautet, »Heidewitzka, Herr Kapitän«. Das 1987 aufgestellte Brunnenschiff von Bonifatius Stirnberg ähnelt einer umgedrehten Narrenkappe, auch das Figurenkabinett hinter der Reling entstammt dem Fasteleer. Ein Lappenclown wird flankiert von einem Funken samt Mariechen und der Mutter Colonia am Bug. Darüber auf dem Mast thront der Sänger selbst.

Kunsthistorisch schwimmt Berbuers kölsches Böötche über tiefem Grund. Das »Narrenschiff« von Sebastian Brant (1457–1521) war Deutschlands größter Bestseller vor der Lutherbibel. Er thematisiert die Laster und Verbrechen der Menschheit, festgemacht an den typologisierten Passagieren eines Schiffes mit Kurs auf »Narragonien«. So unterhaltsam die verkehrte Welt hier daherkommt, so moralisch belehrend war sie auch gedacht: Brant hielt seinen Zeitgenossen den satirischen Spiegel vor. Fortan wurde der Narr zu einer überaus beliebten Kunstfigur im europäischen Raum, aufgegriffen etwa von Hans Holbein d. J. und Hieronymus Bosch. Dass man in Köln von der mittelalterlichen Moralsatire den Dreh zum Zeitgenössisch-Karnevalesken fand, nun ja: Wirklich überraschen wird dies niemanden.

Adresse Karl-Berbuer-Platz | **ÖPNV** Bahn 3, 4; Bus 132, 133, jeweils Haltestelle Severinstraße | **Tipp** Ein Spaziergang von 15 Min. führt zum Willi-Ostermann-Platz in der Altstadt, wo man das Brunnendenkmal des anderen großen Karnevalskomponisten findet.

53 Der Katzenbuckel

Kleine Brücke mit großem Panorama

Ihren volkstümlichen Namen trägt die Brücke ganz zu Recht. Nach einem anfänglichen Schlenker steigt sie wie ein Katzenbuckel extrem steil übers Wasser. Skater haben hier ihre liebe Mühe, heil ans andere Ende zu gelangen. Errichtet wurde die Konstruktion aus Spannbeton im Jahr 1955. Für die zwei Jahre später anstehende Bundesgartenschau wurde der rechtsrheinische Rheinpark erschlossen. Der Architekt, Bernhard Hermkes (1903–1995), hatte zuvor schon unter anderem für die Hamburger Kennedybrücke und die Kieler Landesbank verantwortlich gezeichnet.

Die kleine Fußgängerbrücke bei Stromkilometer 691 verbindet den Mülheimer Hafen mit einer schmalen, spitz nach Nordosten zulaufenden Rheinhalbinsel. Weil sie fast komplett von alten Industrieanlagen umgeben ist, verirren sich nicht allzu viele Besucher auf diesen kleinen Steg. Nichtsdestotrotz offeriert er einen der schönsten Panoramablicke über Köln.

Nach Norden hin ragt die Mülheimer Brücke über dem Rhein auf und beugt sich die grün bewachsene Halbinsel in den Fluss. Vor den Altbauten der Hafenstraße ist vor Jahren ein kleines, separates Viertel entstanden – die Kulissen der WDR-Serie »Die Anrheiner«. Hier lag in den Neunzigern auch das Boot der Kelly-Family, jener Sippe, die mit ihren Folk- und Schmuseliedern die Musikwelt eroberte.

Dreht man sich herum, wandert der Blick von schier endlosen roten Backsteinmauern zu den Anlagen des zwischen 1892 und 1998 erbauten Mülheimer Hafens. Im brackigen Wasser dümpeln kleine und mittlere Schiffe, andere warten am Kai auf ihre Überholung. Darüber ziehen die Kabinen der Rheinseilbahn wie fliegende Untertassen dahin und scheinen – das Auge lässt sich gern täuschen – drei von Kölns bedeutendsten Hochbauten miteinander zu verbinden: den KölnTriangle im Osten, den Dom im Zentrum und im Westen den Colonius.

Adresse Zwischen Hafenstraße und Rheinhalbinsel | **ÖPNV** Bahn 4, Haltestelle Grünstraße | **Tipp** Die Halbinsel führt vom Jugend- in den Rheinpark mit seinen hübschen Gartenanlagen. Direkt unterhalb der Brücke liegt einer der schönsten Kölner Beach-Clubs mit Cocktailbar, Strandkörben und einem Volleyballfeld.

54_Die Kiesgrube Meschenich
Spiegelndes Laichkraut, Ähriges Tausendblatt
und Wasserpest

Der einst beschauliche Stadtteil am südlichen Rand von Köln hat es
nicht gerade leicht. Tagtäglich schleust die Brühler Landstraße Tausende von Autos mitten durch den Ortskern, und auch die Anfang
der 1970er Jahre entstandene Hochhaussiedlung »Am Kölnberg«
befördert nicht gerade das Image des Dorfes. Dafür verfügt es jedoch
an seinem südlichen Ende über ein Idyll von außergewöhnlicher
Schönheit.

Die Kiesgrube Meschenich ist ein circa ein Hektar großer,
rundum bewaldeter See. Früher diente er als Fischteich, aber der
Angelverein musste seine Rechte abtreten, als die Stadt beschloss,
hier ein Naturschutzgebiet gedeihen zu lassen. Im Rahmen des
Regionale 2010-Projektes »Rheinische Gärten« soll das Terrain
dereinst in ein vom Militärring über Meschenich und Immendorf
bis nach Brühl reichendes Naturreservat eingebettet sein.

Den schönsten Blick auf den See genießt man von der Aussichtsplattform an der Ostseite. Im Sommer säumen Myriaden von
Libellen das Ufer, Enten führen ihre Küken spazieren, und über
den Bäumen ziehen Krähen ihre Kreise. Zwei kleine, ebenfalls
von Bäumen und Büschen bestandene Inseln erheben sich aus dem
nur bis zu acht Meter tiefen Biotop. Den Grubengrund, so ergaben tauchökologische Untersuchungen, bevölkern zahlreiche hö-
here Wasserpflanzen. Sie tragen so illustre Namen wie Spiegelndes
Laichkraut, Ähriges Tausendblatt oder Wasserpest, eine auch bei
Aquarienfreunden beliebte Gattung aus der Familie der Froschbiss-
gewächse.

An den Kiesabbau erinnern hier nur noch vereinzelte Steinhal-
den. Dass man sich jedoch in einer durchindustrialisierten Region
befindet, verrät ein Blick nach oben. Hinter dem Steilufer auf der
anderen Seite ragen die Türme der Godorfer Fabriken in den Himmel, umtost vom Dauerrauschen der Köln-Bonner Autobahn.

Adresse Zwischen dem Autobahnzubringer Kerkrader Straße und Am Engeldorfer Berg | **ÖPNV** Bus 132, Haltestelle Frankenstraße | **Tipp** Sehenswert ist die neuromanische Dorfkirche St. Blasius (1890) mit einer Statue des Pfarrpatrons aus dem 13. Jahrhundert.

55 Der Kreuzgang von St. Georg

Ein Friedhof für die Toten des 2. März 1945

Im Eingangsbereich von St. Georg führt eine Glastür in einen kleinen Innenhof. Wer dort eintritt, fühlt sich augenblicklich, in einer Oase der Ruhe mitten in der Großstadt. Das gut 100 Quadratmeter große Geviert macht ganz den Eindruck eines Kreuzgangs, ohne jedoch je einer gewesen zu sein. Die weiß getünchten Wände sind mit schmalen Dachvorsprüngen versehen und in Nischen unterteilt, deren jede ein gemauertes Kreuz und ein kleines Mosaik mit sakralen Motiven schmückt. Zwei Bänke laden zum Verweilen ein.

Die von Gehwegplatten gesäumte Innenfläche des Areals lenkt den Blick auf ein zunächst seltsam anmutendes Steinensemble. Zwölf Grabplatten sind dort, frei verteilt, in ein Meer weißer Kieselsteine gebettet. Wer sich die Todesdaten der hier Beerdigten ansieht, wird feststellen, dass sie alle im gleichen Zeitraum gestorben sind, Anfang März 1945 nämlich. Ein Zufall ist das natürlich nicht, denn die Toten wurden Opfer des letzten von 262 Fliegerangriffen auf Köln, der am 2. März jenes Jahres erfolgte. Insgesamt einundzwanzig Menschen starben damals in St. Georg und fanden hier auch ihre letzte Ruhe, unter ihnen der Pastor Heinrich Fabry. Vier Tage später war der Krieg für die Kölner beendet – das VII. Korps der 1. US Army rückte in die Ruinen der Stadt ein.

Um Krieg – bzw. seine Verhinderung – ging es an diesem Ort schon vor zweitausend Jahren. Damals lag das Gelände direkt vor der römischen Stadtmauer, die entlang dem Duffesbach verlief. Wo seit dem 11. Jahrhundert die Kirche steht, war seinerzeit eine Wache stationiert, die den Verkehr zwischen Bonn und dem südlichen Tor der Kolonie regulierte. Ihr folgte zur Merowingerzeit (5.–8. Jahrhundert) das Caesarius-Oratorium, unmittelbarer Vorgängerbau von St. Georg. Der heilige Märtyrer Caesarius wird bis heute als zweiter Patron der Kirche verehrt.

Adresse Am Waidmarkt | **ÖPNV** Bahn 1, 9, Haltestelle Heumarkt; Bus 132, 133, Haltestelle Waidmarkt | **Öffnungszeiten** Täglich 8–18 Uhr | **Tipp** Ein Schild am Brunnen vor St. Georg weist darauf hin, dass man sich an diesem Ort auch als Jakobspilger fühlen darf. Bis zu ihrem Abriss 1825 stand direkt nebenan die Pfarrkirche St. Jakob, deren Bruderschaft sich ab Anfang des 14. Jahrhunderts um die wirtschaftlichen Belange der Waidhändler vom Waidmarkt kümmerte.

56 Das Krieler Dömchen

Beten, Beichten und Richten

In Köln gibt es zahlreiche verblichene Ortsnamen, die bis heute als Gemarkungsbezeichnung und im Wortschatz der Bewohner weiterleben. Einer davon ist der ehemalige Pfarrsprengel Kriel, dessen Grenzen weitgehend identisch waren mit dem heutigen Lindenthal. Bei der Eingemeindung 1888 lebten hier ganze 126 Menschen, aber schon in römischer Zeit spielte der westlich vor den Mauern gelegene Flecken eine bedeutende Rolle, als Kornkammer der niedergermanischen Kolonie nämlich.

Zentrum von Kriel waren über Jahrhunderte das Hofgut an der Zülpicher Straße (abgerissen 1926) sowie die direkt angrenzende Kirche. Hier wurde einst nicht nur gebetet und gebeichtet, sondern auch Gericht gesprochen. Noch heute erkennt man unter den hohen Fenstern an der südlichen Schiffseite vier wie Haken aus der Wand ragende Kragsteine. Mit ziemlicher Sicherheit stieß hier früher eine sogenannte Gerichtslaube an, bevor das Krieler Hofgericht im 15. Jahrhundert nach St. Gereon verlegt wurde. Ebenfalls an der Südseite sind zwei rechteckige Gedächtnistafeln mit eingemeißelten Volutenkreuzen vermauert. Diese Art der Erinnerung an Verstorbene war eine Kölner Eigenheit, die sich unter anderem auch an St. Gereon und Groß St. Martin wiederfindet.

Die Baugeschichte von St. Stephanus, wie das romanische Dömchen offiziell heißt, reicht zurück bis etwa ins Jahr 900, als die ursprüngliche Holzkonstruktion einem Steinbau wich. Im 12. Jahrhundert wurde er um den markanten Turm ergänzt, der außer Tuffstein noch vereinzelte römische Ziegel aufweist. Schon vor zweitausend Jahren entstanden hier die ersten Ziegeleien, die bis ins frühe Mittelalter weiterbetrieben wurden.

Der Hauch der Geschichte weht auch über den zur Straße hin gelegenen kleinen Friedhof, den ältesten ganz Lindenthals. Seine Grabsteine stammen zum Teil noch aus dem 17. Jahrhundert, bis 1869 fanden hier Beerdigungen statt.

Adresse Suitbert-Heimbach-Platz in Lindenthal | **ÖPNV** Bahn 9, Haltestelle Mommsenstraße; Bus 146, Haltestelle Krieler Straße | **Öffnungszeiten** Mo–Fr 15–1, Sa u. So 10.30–1 Uhr | **Tipp** Über die Mommsenstraße gelangt man in den Stadtwald. Die Gleueler Straße führt stadteinwärts an den Aachener, stadtauswärts zum Decksteiner Weiher.

57 Der Kronleuchtersaal
Wie der Kaiser zur Kloake kam

Das Kölner Abwasserkanalnetz ist rund 2.400 Kilometer lang und verbindet sämtliche Haushalte und Betriebe mit den fünf Klärwerken der Stadt. Allein bei deren größtem in Stammheim werden stündlich 108.000 Badewannen voller Spülwasser und Exkremente angespült. Beeindruckende Zahlen und beeindruckende Ausmaße, aber dieses unterirdische Labyrinth hält zudem auch noch ein echtes architektonisches Kuriosum bereit. Der sogenannte Kronleuchtersaal verdankt seinen Namen jenem noblen Deckenlicht, das hier 1890 anlässlich eines Besuchs von Kaiser Wilhelm II. installiert wurde. Bereits zur Einweihung erhellten zwei Kronleuchter mit je sechs Kerzen den fast fünf Meter hohen Raum unter der Grünanlage am Theodor-Heuss-Ring. 1990 wurden sie, inzwischen verrottet, durch einen elektrischen Nachfolger vom Sperrmüll ersetzt.

Seine Entstehung verdankt der Saal dem Stadtbaumeister Josef Stübben, der ab dem Jahr 1881 daranging, der Alt- und Neustadt ein modernes Kanalisationssystem zu verpassen. Im Kronleuchtersaal wurden der Hochsammler und der Ringkanal zur Entwässerung der Altstadt zusammengeführt, um sodann gen Norden zum ersten Kölner Klärwerk zu fließen. Darüber hinaus dient der Raum bis heute der Regenentlastung: Bei starkem Niederschlag läuft der Ringkanal über und das Wasser durch eine weitere Röhre direkt zum Rhein hinunter.

Wer nun glaubt, der Gestank dort unten sei schier unerträglich, der täuscht sich. Natürlich riecht es hier nicht wie im Versuchslabor von 4711, und recht feucht ist es auch. Aber jenseits dessen imponiert dieser komplett mit Backsteinen ausgeschlagene Raum durch seine ganz individuelle Atmosphäre. Die Kloake der zweitausendjährigen Stadt fließt hier so gemächlich und souverän dahin, als wolle sie einem flüstern: Klärt und filtert mich ruhig, bis ich mich wieder in schnödes Trinkwasser verwandele – meine wahren Geheimnisse werde ich ohnehin nie preisgeben!

Adresse Bodenklappe in der nordöstlichen Ecke der Grünanlage zwischen Theodor-Heuss-Ring und Clever Straße. | ÖPNV Bahn 12, 15, 16, 18, Haltestelle Ebertplatz | Öffnungszeiten Führungen jeden letzten Samstag im Monat, März–Sept., Voranmeldungen unter Tel. 0221/221-268 45. | Tipp In gerader Linie zum Rheinufer hin findet sich die »Weckschnapp«, ein der alten Stadtmauer vorgelagertes Türmchen mit grausamer Vergangenheit.

58 Die Krypta von Groß St. Martin

Ein römisches Schwimmbad auf der alten Rheininsel

Die Reste eines antiken Sportcenters betritt man mit dem Keller von Groß St. Martin. Zu römischer Zeit war hier nämlich eine Palaestra angelegt, ein Sportplatz. Damals befand er sich vor den Mauern der Kolonie auf einer Rheininsel, die später verlandete. Auf dem etwa 7.000 Quadratmeter umfassenden Areal aus dem 1. Jahrhundert lag unter anderem ein Schwimmbad von immerhin 34 Metern Länge und 17 Metern Breite, dessen Reste noch heute zu besichtigen sind. Auf den Fundamenten der Palaestra und der später hinzugefügten Lagerhallen entstand dann im 10. Jahrhundert der Urbau von Groß St. Martin.

Der Reiz seines Souterrains besteht vor allem in der Kombination von römischen, mittelalterlichen und modernen Elementen, die sich hier auf engstem Raum vereinen. So erreicht man etwa das römische Wasserbecken über einen mittelalterlichen Fußboden und unter einer modernen Betondecke.

Verantwortlich für diese einer Krypta nachempfundene Räumlichkeit – denn eine echte Krypta konnte hier nicht nachgewiesen werden – ist der Architekt Joachim Schürmann. Er leitete nach dem Krieg die Rekonstruktion des gesamten Martinsviertels und somit auch der fast vollständig zerstörten Basilika. In ihrem romanischen Kleid erstrahlte sie erst wieder im Jahr 1985. Kurz zuvor waren auch die aufwendigen archäologischen und architektonischen Arbeiten im Untergeschoss vollendet. Seitdem fügt sich hier unten eine massive Betondecke, seitlich verspreizt durch Druckbalken und abgestützt mit Betonpfeilern, in das quer durch die Jahrtausende springende Ensemble. Ein Ort der Ruhe – wenn der Rhein nicht gerade Hochwasser führt. Dann nämlich wird der gesamte Raum, aus Gründen des Druckausgleichs und einem ehemaligen Schwimmbad durchaus angemessen, geflutet.

Adresse An Groß St. Martin | **ÖPNV** Bahn 1, 7, 9; Bus 132, 133, jeweils Haltestelle Heumarkt | **Öffnungszeiten** Di–Fr 10–12 u. 15–17, Sa 10–12.30 u. 13.30–17, So 14–16 Uhr | **Tipp** Wer von außen den mächtigen Vierungsturm betrachtet, steht vor Kölns ältestem Wahrzeichen, entstanden mehr als sechshundert Jahre vor der Fertigstellung des Doms.

59 Der Kunibertspütz

Wo die Kölnerinnen ihre Kinder bekommen

Man kann ihn nicht betreten, diesen Raum, denn ein Pütz ist ein Brunnen. In alten Zeiten jedoch, so will es die Legende, stieg man hier tatsächlich hinab. Dort unten nämlich, in 17 Metern Tiefe, spielte die Muttergottes mit den Seelen der ungeborenen Kölner Kinder. Während im restlichen Deutschland die Säuglinge auf dem Luftweg mit dem Storch ins Haus kommen, stammt der kölsche Nachwuchs also aus dem Untergrund. Ein altkölsches Lied sagt es so: »Us däm ahle Kunebäätspötzge / kumme mer all ohn Hemp un Bötzge. / Jo dä Storch, dä hat uns heimjebraat / un bei der Mamm en et Bett jelaat.« Nicht düster und feucht soll es dort gewesen sein, sondern hell und frisch, ein paradiesischer Garten habe dort gelegen. Um die Geschichte noch realistischer zu machen, führte man Verletzungen von Müttern oder Hebammen auf den beschwerlichen Abstieg durch den Brunnenschacht zurück. Selbst unfruchtbare Frauen sollten mithilfe des heiligen Wassers ihr rosarotes Wunder erleben: Ein Becher Brunnenelixier, genossen in einer Vollmondnacht, und die baldige Schwangerschaft stand in Aussicht.

Zu finden ist der sagenumwobene Born heute in der Krypta von St. Kunibert, jüngste aller romanischen Kirchen der Stadt. Direkt darüber, im Chorraum vor dem Hochaltar, bedeckt seit 1955 eine Schieferplatte von Elmar Hillebrand die virtuelle Verlängerung der Öffnung. Darauf dargestellt ist ein Kindersegen. Historiker gehen davon aus, dass die Legende um die fruchtbarkeitsspendende Quelle älter ist als die Geschichte der St.-Kuniberts-Kirche. Ja, wahrscheinlich wurde ihr dem heiligen Clemens gewidmeter Vorgängerbau genau deswegen über dem Brunnen errichtet. Schließlich gilt Clemens (ca. 50–100 n. Chr.) als Schutzpatron der Seeleute und gegen Wassergefahren. Kunibert hingegen wurde gegen Ende des 6. Jahrhunderts an der oberen Mosel geboren und entstammte dem dortigen Adel. Nach seiner Ernennung zum Kölner Erzbischof 623 soll ihn eine Taube zum Grab der heiligen Ursula geführt haben.

Adresse Kunibertskloster 6 | **ÖPNV** Bahn 16, 18, Haltestelle Dom/Hbf., von dort 15 Min. zu Fuß | **Öffnungszeiten** Mo–Sa 10–13 u. 15–18, So 15–18 Uhr. Die Krypta ist allerdings nur im Rahmen von Führungen oder nach Anmeldung im Pfarrbüro unter Tel. 0221/12 12 14 zugänglich. | **Tipp** Das Kunibertsviertel rund um die gleichnamige Kirche und die Musikhochschule ist eine Erkundung wert. Von den Touristenzonen abgeschnitten, verströmt es eine für die Innenstadt ungewöhnliche Ruhe.

60_Die Lindenthaler Kanäle

*Eine Wasserstraße zwischen Innerem und
Äußerem Grüngürtel*

Zwei Kanäle, in der Flucht um hundert Meter versetzt; Kastanien-
alleen entlang dem Clarenbachkanal, Ahornalleen zu beiden Seiten
des Rautenstrauchkanals. Hier hat sich offensichtlich jemand etwas
überlegt. Jedoch ist heutzutage nicht mehr unmittelbar nachzuvoll-
ziehen, warum dieser Doppelkanal angelegt wurde. Nur ein genauer
Blick auf den Stadtplan verrät, was Stadtplaner Fritz Schumacher
und Gartenarchitekt Fritz Encke Anfang der 1920er Jahre im Schil-
de führten. Es ging ihnen nämlich um eine Frischluftschneise für
die Innenstadt, die den Inneren und den Äußeren Grüngürtel ra-
dial verbinden sollte. Das Kloster Zum Guten Hirten verhinderte jedoch eine gradlinige und durchgehende Führung des Kanals,
sodass man sich mit einem geographisch-architektonischen Trick
behelfen musste: Als versetztes »Gelenkstück« zwischen beiden
Wasserstraßen wurde der Karl-Schwering-Platz angelegt. Seither
verläuft der Rautenstrauchkanal ein paar Meter weiter südlich als
sein Pendant.

Dass ausgerechnet eine als verbindendes städtisches Element
gedachte Anlage heute geradezu isoliert daherkommt, ist tragisch.
Durch die viel befahrene Universitätsstraße steht der Clarenbachkanal in keinem sicht- oder fühlbaren Zusammenhang zum Aachener Weiher. Und ein Gleiches gilt für das Westende des Rautenstrauchkanals, das durch den nicht minder stark belasteten Gürtel
vom Stadtwald abgetrennt ist.

Für Spaziergänger hat dieses Inseldasein jedoch auch eine gute
Seite, stößt man hier doch auf ein alles andere als überfrequentiertes
Ausflugsziel. Die Promenade als Raum für öffentliche Begegnung
ist eine Idee des französischen 18. Jahrhunderts, an die Schumacher
und Encke in Köln anknüpften. Viele Begegnungen hat man an den
Lindenthaler Kanälen zwar nicht. Aber promenieren lässt sich's hier
ganz wunderbar!

Adresse Clarenbach- und Rautenstrauchstraße | ÖPNV Bahn 1, 7, Haltestelle Melatenfriedhof | Tipp Wer den Ursprungsgedanken der Stadtplaner nachvollziehen möchte, sollte seine Tour am Aachener Weiher beginnen und an den Kanälen entlang bis zum Stadtwald spazieren. Westlich begrenzt wird er durch den Adenauerweiher in Junkersdorf.

61 Das Lommerzheim

Die kölscheste aller Kölschkneipen

Als der amerikanische Präsident Bill Clinton anlässlich des Weltwirtschaftsgipfels eine authentische Kölner Traditionskneipe besuchen wollte, riefen seine Begleiter in Deutz beim Lommerzheim an. Und was hat Hans »Lommi« Lommerzheim geantwortet? – »Nä, dat jeit nit!«, weil seine Stammgäste wegen der drohenden Sicherheitsvorkehrungen hätten draußen bleiben müssen.

Die – historisch belegte – Anekdote ist insofern typisch für diese Gaststätte, als ihr Wirt stets als überaus wortkarg und konsequent galt. Im Lommerzheim machte man keine Unterschiede zwischen Präsidenten, Managern oder Arbeitern. Bedient wurde, wer da war, und das waren so einige. Tag für Tag bildeten sich auf der Siegesstraße die Schlangen jener Kölsch-Enthusiasten, die die besten der wenigen Plätze ergattern wollten. Fünfundvierzig Jahre lang, von 1959 bis 2004, führten Lommi und seine Frau Annemie ihre weit über die Stadtgrenzen hinaus bekannte Kneipe. Kultstatus genoss neben den Marotten des Chefs und den gigantischen Koteletts auch das Gebäude selbst. Der äußerlich verwahrloste Flachbau bestach mit einem gemütlichen, geradezu musealen Interieur, die letzte Renovierung datierte auf das Jahr 1961. Als Lommerzheim die Wirtschaft 2004 schloss, bat das Rheinische Freilichtmuseum in Kommern darum, das komplette Gebäude Stein für Stein auf sein Gelände verpflanzen zu dürfen. Lommi lehnte das Gesuch genauso ab wie ein ähnlich lautendes des Kölner Stadtmuseums.

Nach seinem Tod 2005 drohte der Gaststätte zeitweise der Abriss, zu veraltet waren Küche und sanitäre Anlagen. Dass hier seit 2008 doch wieder Kölsch fließt, ist der Brauerei Päffgen zu verdanken, bei der Hans Lommerzheim nach dem Krieg als Köbes angefangen hatte. Um das historische Ambiente zu bewahren, ging man bei der Renovierung äußerst behutsam vor. Und so gilt weiterhin Lommerzheims Standardantwort auf die Frage, wie es hier wohl einstmals ausgesehen haben mag: »Hell.«

Adresse Siegesstraße 18 | **ÖPNV** Bahn 1, 7, 9, Haltestelle Deutzer Freiheit | **Öffnungszeiten** Mi–Mo 11–14 u. 17–24 Uhr | **Tipp** In Deutz gäbe es sicherlich so manches zu besichtigen, zum Beispiel die Kölnarena. Aber wer einmal im Lommerzheim sitzt, kommt dort schlecht wieder weg.

62 Die Madonna in den Trümmern

Große Kunst und private Andacht

Wenn nach Katastrophen ein bestimmtes wertvolles Detail unversehrt geblieben ist, dann verwendet man gern die Floskel »wie durch ein Wunder«. In religiösen Zusammenhängen wird ein solches »Wunder« dann noch einmal ideell aufgeladen, und so überrascht es nicht, dass die Madonna von St. Kolumba nach dem Zweiten Weltkrieg zu einem mythisch durchdrungenen Ort wurde. Und sie sind tatsächlich bewegend, die Fotos der frühen Nachkriegszeit. Man sieht eine vollkommen zerstörte Kirche und zwischen all diesem Schutt und Geröll eine aufrecht stehende, wunderschöne Frauenfigur. Die »Madonna in den Trümmern«, wie man sie bald nannte, hatte alle Bomben und Kugelhagel unversehrt überstanden. Die edel-schlichte Statue wurde zu einem Zeichen der Hoffnung und des Neubeginns, und bis heute gibt es in Köln keinen anderen Ort, der so intensiv zur privaten Andacht genutzt wird.

Schon 1947 ging man deshalb daran, der spätgotischen Marienfigur eine eigene kleine Kapelle zu errichten. Der achteckige Bau wurde zur ersten eigenständigen Arbeit des später berühmten Architekten Gottfried Böhm. Auch das übrige Inventar der Kapelle wurde äußerst qualitäts- und geschmackvoll ausgewählt. Eine spätmittelalterliche Pietà und die Konsolfigur »Hl. Antonius, den Fischen predigend« von Ewald Mataré korrespondieren hier mit hochrangiger Glasmalerei. Böhm selbst schlug jenen Bären aus Basaltstein, der an die Legende der heiligen Kolumba anknüpft: Das Tier soll sie im Jahr 274 vor der Vergewaltigung gerettet haben.

Seit 2008 ist die »Madonna in den Trümmern« in den Bau des neuen Diözesanmuseums integriert, verfügt jedoch über einen eigenen Eingang. Direkt rechts hinter der Tür gibt ein vergittertes Tor den Blick frei auf die museal ergänzte Trümmerlandschaft, aus der die Madonna ihre Aura schöpft.

Adresse Ecke Brücken- und Kolumbastraße | **ÖPNV** Bahn 3, 5, 4, 16, 18, Haltestelle Appellhofplatz | **Öffnungszeiten** Fr–Mi 11–18 Uhr | **Tipp** Ein vergleichbar intensiver Kult rankt sich um die Schwarze Mutter Gottes der Kirche St. Maria in der Kupfergasse (siehe »111 Kölner Orte«, Band 2, Seite 190).

63 — Die Mikwe

Das »lebendige Wasser«
unter dem Rathausplatz

Die jüdische Gemeinde Kölns, eine der ältesten ganz Europas, ist immer wieder Opfer von Verfolgung und Vertreibung gewesen, so etwa 1096 im Rahmen des ersten Kreuzzuges. Das schlimmste Massaker fand in der sogenannten »Bartholomäusnacht« statt. Nachdem eine Pestepidemie über Europa gezogen war, überfiel 1349 eine hysterische Meute das Judenviertel, ermordete fast alle Bewohner und zündete ihre Häuser an.

1424 folgte der endgültige Ausschluss: Der Stadtrat verfügte, dass Juden sich nur noch tagsüber und mit Genehmigung im Kölner Stadtgebiet aufhalten durften. Damals wurde auch der Überbau der Mikwe zerstört und ihr Schacht für die nächsten Jahrhunderte als Abfalldeponie missbraucht. Das kultische Reinigungsbad liegt auf dem Areal des alten römischen Statthalterpalastes und im Zentrum des ehemaligen Kölner Judenviertels direkt am Rathaus. Der schmale, 16 Meter tiefe Brunnenschacht führt den jüdischen Reinheitsgeboten entsprechend zu »lebendigem Wasser« – vom Rhein bewegtes Grundwasser. Rituelle Reinigungen waren beispielsweise vorgeschrieben nach der Berührung von Toten oder Verstößen gegen sexuelle Vorschriften. Verheiratete Frauen besuchten die Mikwe zudem anlässlich ihrer Monatsblutungen oder nach der Geburt eines Kindes.

Es mussten erst 1794 die Franzosen kommen, um Juden wieder Wohnrecht im katholischen Köln zu verschaffen. Die Mikwe, heutzutage letzte erhaltene Anlage des alten Judenviertels, wurde 1953 im Rahmen des Rathausneubaus wiederentdeckt. Wer die engen Treppen hinabsteigt zum lebendigen Wasser in 15 Metern Tiefe, der passiert mehrere in die Wand eingelassene Nischen – hochmittelalterliche Umkleidekabinen. Die einzige, aber ausreichende Lichtquelle bildet seit 1988 eine dem Pariser Louvre-Konstrukt nachempfundene Glaspyramide.

Adresse Rathausplatz | **ÖPNV** Bahn 1, 7, 9, Haltestelle Heumarkt; Bus 132, Haltestelle Rathaus | **Öffnungszeiten** Di–So 10–17 Uhr. Den Schlüssel erhält man an der Kasse des Prätoriums, Kleine Budengasse 2. | **Tipp** Nach der Vertreibung von 1424 siedelten sich viele Juden im rechtsrheinischen Deutz an. Dort am Judenkirchhofsweg findet sich auch der 1695 angelegte Friedhof der Gemeinde.

64   Der Monte Klamotte

Ein Trümmerhügel und sein Spitzname

Dem Herkulesberg, wie er richtig heißt, nähert man sich am besten vom Stadtgarten her. Hat man so doch die Gelegenheit, zugleich eine der verstecktesten und ungewöhnlichsten Brücken Kölns kennenzulernen. Die luftige Stahl-Beton-Konstruktion wurde im Rahmen der Erschließung des Mediaparks geschaffen und überquert in seinem Rücken die Gleise des ehemaligen Güterbahnhofs Gereon. Dahinter erreicht man nach wenigen Stufen die Spitze des Monte Klamotte.

Zugereiste sind immer wieder verblüfft, wenn sie im an sich so flachen Köln auf grüne, teils bewaldete Hügel treffen. Entstanden sind diese auch nicht auf natürliche, sondern künstliche Art: Es handelt sich um Trümmerberge des Zweiten Weltkriegs. Hätte man 1945 die gesamte städtische Trümmermasse zu einem einzigen Berg aufgetürmt, wäre dieser – bei einem Basisdurchmesser von 700 Metern – 234 Meter hoch gewesen. Die Aufräumarbeiten, die sich bis in die 1950er Jahre zogen, schufen unter anderem Erhebungen wie den Vingster Berg (zwischen Merheimer Heide und Gremberger Wald) und die Hügellandschaft zwischen der Universität und dem Aachener Weiher.

Die bekannteste von ihnen ist jedoch der Herkulesberg. Obwohl nur 25 Meter hoch (absolute Höhe: 72 Meter), beeindruckt er mit seinen Ausmaßen. Sein Rücken zieht sich über 130.000 Quadratmeter Grundfläche bis fast an die Innere Kanalstraße. Als einziger Trümmerhügel kann er auch mit einem volkstümlichen Beinamen aufwarten. »Klamotte« ist zwar im Gegensatz zu »Mont« (= Berg) kein französisches Wort, aber die Zielrichtung ist klar: Klamottenberg/Berg aus allem möglichen Zeugs. Und als ob dies nicht genug der Ehre wäre, verewigten ihn die Bläck Fööss darüber hinaus in ihrem wohl berühmtesten Lied »Mer lösse d'r Dom en Kölle«, wo es heißt: »D'r Monte Klamotte, dä hieß ob eimol Zuckerhot, do köm dat Panorama schwer en Brass.«

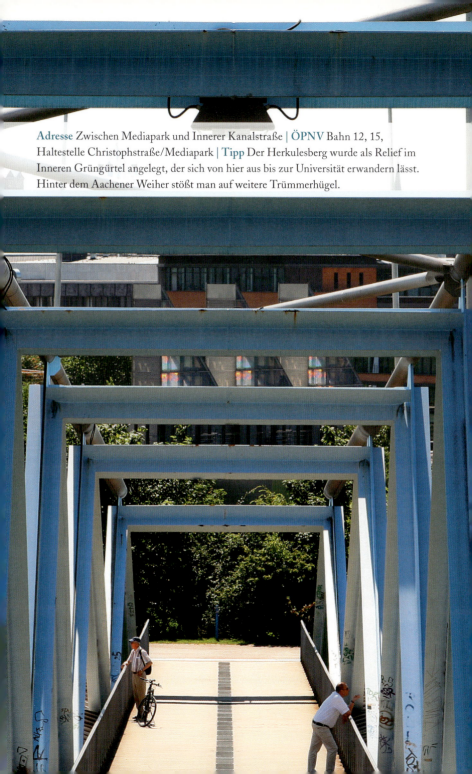

Adresse Zwischen Mediapark und Innerer Kanalstraße | **ÖPNV** Bahn 12, 15, Haltestelle Christophstraße/Mediapark | **Tipp** Der Herkulesberg wurde als Relief im Inneren Grüngürtel angelegt, der sich von hier aus bis zur Universität erwandern lässt. Hinter dem Aachener Weiher stößt man auf weitere Trümmerhügel.

65 Der Monte Troodelöh

Ein kölscher »Mount Everest« im Königsforst

Je weniger man hat, desto mehr muss man daraus machen – so könnte eine kölsche Weisheit lauten. Denn in genau diesem Sinne wird hier ein eher ekliges Abfallprodukt aus Schweineblut und -fett zur identitätsstiftenden »Flönz« aufgewertet und ein schlichtes Käsebrötchen zum »Halven Hahn«. Ganz ähnlich verfuhr man mit der höchsten natürlichen Erhebung im Stadtgebiet.

Der eigentlich namenlose Hügel im Königsforst misst ganze 118,04 Meter. Er liegt etwa hundert Meter entfernt von der Waldwegkreuzung Wolfs- und Pionier-Hütten-Weg, etwa eineinhalb Kilometer unterhalb der A4. Dass es hier nach links hin noch ein wenig bergauf geht, raubt dem kölschen Mount Everest etwas von seiner Imposanz. Aber dieses östliche, höher gelegene Waldstück gehört schon nicht mehr zu Köln, weil der Wolfsweg die Grenze zur Gemeinde Rösrath markiert.

Am 12. November 1999 wurde der Hügel von drei schwerst ausgerüsteten Alpinisten »erstbestiegen« und »Monte Troodelöh« getauft. Wer die Namen der tapferen Recken kennt – Troost, Dedden und Löhmer –, hat das Wortspiel sogleich enttarnt. Um die Expedition auch anständig zu adeln, wurden in der Folge verschiedene Unternehmungen getätigt. Ein Geldinstitut förderte die Aufstellung einer »Gipfelbank«, und die Forstverwaltung stiftete einen Felsstein, der auf der Spitze des Berges eingelassen wurde. Daran angebracht ist ein kleiner Metallkasten, der das Gipfelbuch, einen Stift und einen Datumsstempel enthält.

Es sei hier umstandslos zugegeben: Er kratzt nicht gerade die Wolken, der kölsche Mount Everest. Aber man sollte ihn auch nicht kleiner machen, als er ist. Immerhin ragt der Troodelöh ganze drei Meter weiter in den Himmel als der Große Müggelberg, die höchste Erhebung Berlins. Und dass der Sandberg in Düsseldorf-Hubbelrath 165,20 Meter hoch ist, steht hier eigentlich nur, weil noch eine Zeile zu füllen war.

Adresse Wolfsweg, eine detaillierte Wegbeschreibung findet sich unter www.monte-troodeloeh.de | **ÖPNV** Bahn 9, Haltestelle Königsforst, von dort 30 Min. zu Fuß. | **Tipp** Wer sich dem Troodelöh von Norden her nähert, passiert knapp unterhalb der A4 das Grab von Josef Hubert Hausmann, der hier 1932 mitsamt seinen Doggen die letzte Ruhe fand. Das Waldgebiet hatte der Sonderling der Stadt Köln gestiftet.

66_Das Naturtheater im Raderthaler Volkspark

Ein stilles Idyll unter gewaltigen Buchen

Wer sich am südlichen Stadtrand verlustieren möchte, geht in den Grüngürtel, der sich hauptsächlich jenseits der Militärringstraße erstreckt. Aber auch stadteinwärts sind zahllose grüne Kleinode zu entdecken. Eines davon ist der Raderthaler Volkspark, angelegt zwischen 1923 und 1926 nach Plänen des in Köln überaus umtriebigen Gartenarchitekten Fritz Encke, der mit ihm einen Höhepunkt seines gartenkünstlerischen Schaffens erreichte. Volksparks entstanden zu Anfang des 20. Jahrhunderts in Abgrenzung zu herausgeputzten Grünanlagen wie etwa botanischen Gärten, die zwar hübsch anzusehen, aber nicht als Spielwiese nutzbar waren. Die Idee dahinter: dem »Volk«, also zum Beispiel den Fabrikarbeiterfamilien entlang der Brühler und Bonner Straße, einen erfrischenden Ausflug ins Grüne zu ermöglichen.

Aber Encke hatte es in Raderthal auch auf die geistig-intellektuelle Bildung der »einfachen Leute« abgesehen. Und so wurden einst als Pulvermagazine genutzte Ringwälle zu einem Reigenplatz und einem Open-Air-Lesesaal umfunktioniert. Die ambitionierteste Anlage entstand zwischen der heutigen Eck- und Kardorfer Straße: ein Naturtheater, das mehreren hundert Gästen Platz bot. Bis heute ist die Bühne für die Schauspieler zu erkennen, ebenso die Senke des davorliegenden Orchestergrabens. Recht steil steigt von dort aus der Zuschauerhügel an, um ganz oben auf einem idyllischen Plateau zu enden. Die Kronen gewaltiger Buchen tauchen es in milden Schatten, und wer gern Eckern mag, kann sie dort zur Erntezeit kiloweise sammeln.

Dass hier – bis auf wenige Ausnahmen – nie etwas aufgeführt wurde, lässt die Anlage umso bizarrer erscheinen. Und der umlaufende Trimm-dich-Pfad aus den 1970er Jahren tut ein Übriges, um diesem stillen Ort sein ganz besonderes Flair zu geben.

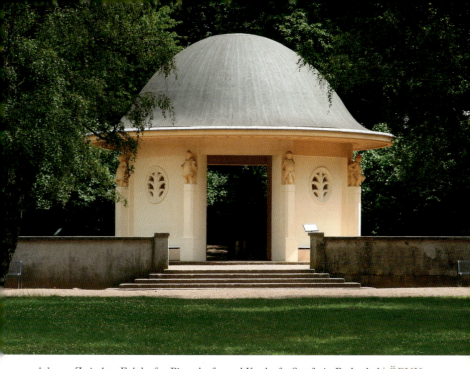

Adresse Zwischen Eckdorfer, Pingsdorfer und Kardorfer Straße in Raderthal | **ÖPNV** Bahn 12, Haltestelle Zollstock/Südfriedhof; Bus 132, Haltestelle Gaedestraße; Bus 133, Haltestelle Liblarer Straße | **Tipp** Sehenswert ist auch der restliche Volkspark mit Lesesaal im Grünen, Reigenplatz und Brunnentempel.

67 Die Nikolauskapelle

Glaube, Schmuggel, Stapelrecht

In Westhoven, schräg gegenüber dem Weißer Rheinbogen, findet sich einer der beschaulichsten Flecken des Kölner Rheinufers. Die romanische Nikolauskapelle wurde Anfang des 12. Jahrhunderts erbaut und ist damit deutlich älter als der Dom. Ihre Entstehung verdankt sie einem Service der katholischen Kirche: Den Westhovener Gläubigen sollte der lange Weg nach Deutz erspart werden. Und so errichtete man jenen kleinen Saalbau mit weiß verputztem Tuff- und Kieselmauerwerk, nach oben hin abgeschlossen durch einen Fachwerkgiebel.

Nur selten verirren sich Fußgänger hierhin, ist die Kapelle doch vom Fluss aus kaum zu sehen. Man muss schon die Böschung erklimmen und ein paar Meter den Pfarrer-Nikolaus-Vogt-Weg hochschlendern, um hier zu landen. Belohnt wird der Besucher sodann mit einem Ort der Stille und Beschaulichkeit, eingefasst von einem kleinen Friedhof.

Jahrhundertelang wurden die Gottesdienste nicht nur von Westhovenern, sondern auch von durchreisenden Kaufleuten und Rheinschiffern besucht. Schließlich gilt der heilige Nikolaus seit dem 9. Jahrhundert als Schutzpatron der Seeleute. Dem Zulauf förderlich war vor allem das 1259 eingeführte Kölner Stapelrecht. Es besagte, dass sämtliche Waren abgeladen und für drei Tage linksrheinisch zum Verkauf angeboten werden mussten. Um diese Schikane zu umgehen, ließ mancher Kaufmann sein Schiff bereits im Zündorfer Hafen entladen und die Handelsgüter sodann auf dem Landweg nach Mülheim befördern. Unterwegs konnte er seine Geschäfte in der Nikolauskapelle segnen lassen.

Schmuggelei war auch das Motiv der französischen Besatzungstruppen (1794–1814), sich in Westhoven zu engagieren. Um ein freies Sicht- und Schussfeld auf den Rhein zu schaffen, wurde der Ort beinahe komplett abgerissen. Die kleine Kapelle jedoch überlebte den Kahlschlag.

Adresse Pfarrer-Nikolaus-Vogt-Weg in Westhoven | **ÖPNV** Bahn 7, Haltestelle Westhoven/Berliner Straße, sodann 10 Min. zu Fuß | **Öffnungszeiten** Freitags 18.30 Uhr zum Gottesdienst | **Tipp** Die 70 Hektar große Westhovener Aue ist ein ausgewiesenes Überschwemmungsgebiet, hier lässt sich ein schöner Spaziergang anschließen.

68 Das Oberlandesgericht

Trinkbrunnen, Aufzüge und
eine elektrische Entstaubungsanlage

Im Rücken das verkehrsberuhigte Agnesviertel, nach vorn heraus die viel befahrene Riehler Straße mit der Auffahrt zur Zoobrücke: Die Lage des Justizgebäudes am Reichenspergerplatz ist so ambivalent wie seine Geschichte. Denn wo Gerechtigkeit walten sollte, lief 1933 der Nazimob auf, um jüdische Richter, Anwälte und Justizbedienstete zusammenzutreiben. In einem offenen Müllwagen wurden sie unter Gejohle ins Polizeipräsidium verfrachtet.

Entstanden ist Kölns prächtigster Steinbau 1907 bis 1911 nach Plänen des Geheimen Oberbaurates Paul Thoemer. Damals boomte in der Architektur der Historismus, der die Formensprache vergangener Epochen aufgriff. Im Falle des neuen Oberlandesgerichts entschied man sich für eine neubarocke Gestaltung. Beeindruckend kommen die Ausmaße des Gebäudes daher: Auf 15.000 Quadratmetern Grundfläche verteilen sich 34 Sitzungssäle, 400 Geschäftszimmer und sieben lichtspendende Innenhöfe. Und die Flure hinter der 553 Meter langen Fassade ziehen sich über mehr als vier Kilometer. Das seinerzeit größte deutsche Justizgebäude orientierte sich bei der Ausstattung an modernsten Standards: Trinkbrunnen schmückten die Warteecken, und neben Aufzügen und Fernsprechapparaturen installierte man sogar eine elektrische Entstaubungsanlage. Heute residieren hier das Oberlandesgericht, die Generalstaatsanwaltschaft sowie Teile des Amtsgerichts Kölns.

Imposant ist immer wieder der Anblick des bis unter die Kuppel reichenden Treppenhauses. Gerne wird in historischen Aufsätzen betont, dass hier nicht die Gerichtsgänger eingeschüchtert, sondern die neuen Freiheiten der Justiz gegenüber Kirche und Königshäusern unterstrichen werden sollten. Und so thront denn auch Justitia in höchst ungewöhnlicher Erscheinung im Fries über dem Hauptportal: Im Gegensatz zur traditionellen Darstellung trägt die Kölner Göttin der Gerechtigkeit keine Augenbinde.

Adresse Reichenspergerplatz | **ÖPNV** Bahn 5, 16, 18, Haltestelle Reichenspergerplatz | **Öffnungszeiten** Mo–Fr 7–18 Uhr. Besichtigungen werden auch im Rahmen von Führungen angeboten, Anmeldungen unter 0221/771 15 05. | **Tipp** Architekturfreunde sollten einen Spaziergang durch das Agnesviertel mit seinen zahlreichen Wohnhäusern aus der gleichen Epoche anschließen.

69 ___ Oliv in Wahnheide

Die Militärgeschichtliche Sammlung

Man kommt sich recht bedeutend vor, um nicht zu sagen gefährlich, wenn man diesen Ort besucht. Da er sich auf Kasernengelände befindet, wird man beäugt, muss ein Formular ausfüllen und den Personalausweis abgeben. Ist man jedoch erst einmal mit einem Passierschein ausgestattet, kann man sich hier überraschend frei bewegen.

Auf den paar hundert Metern vom Eingang bis zum Museum passiert man unter anderem einen ausrangierten Dornier-Kampfflieger aus den 1980ern. Damals begann auch die Sammlung des Hauptmanns a. D. Klaus Schleweit Gestalt anzunehmen, auf der die heutige Ausstellung basiert. Und damit dürfte auch klar sein, dass es hier nicht um eine kritische Aufarbeitung des Militärwesens geht, sondern um eine soldatisch-solidarische Chronik des Standorts Wahnheide.

Die zeitliche Gliederung der Räume beginnt mit der Gründung des Schießplatzes Wahn im Jahr 1817. Vier Jahre zuvor hatte Preußenkönig Friedrich Wilhelm III. das Eiserne Kreuz gestiftet, von dem sich hier mehrere Exemplare finden. Bespiegelt wird im weiteren Verlauf auch der Einschnitt des Jahres 1936, als die Wehrmacht in das seit dem Ersten Weltkrieg entmilitarisierte Rheinland einmarschierte. Für den Standort Wahnheide, den ehemaligen preußischen Schießplatz, begann damit eine neue Zeitrechnung, die schließlich in die Übernahme der Kaserne durch die britische Royal Air Force mündete. Zu den Exponaten zählen deshalb auch einige inzwischen historische Enfield-Gewehre. Ein Durchgangszimmer wiederum widmet sich speziell der Luftfahrt in der Wahner Heide. Hier wurde Zeppelin-Geschichte geschrieben, unter anderem 1917 durch die Errichtung einer Luftschiffhalle im nahen Spich. Und weil dieses Museum im ehemaligen Haupttor der Kaserne untergebracht ist, gehen vom Flur auch zwei kleine, enge Arrestzellen ab. Wie eingangs erwähnt: Der reine Spaß war und ist das hier nicht.

Adresse Flughafenstraße 1 | **ÖPNV** Bahn 7 bis Haltestelle Porz/Markt, dann Bus 160 bis Haltestelle Scheuermühlenstraße bzw. Kaserne/Haupttor | **Öffnungszeiten** jeden Di 10–12 Uhr oder nach Absprache: 02203/908-3436 (Personalausweis erforderlich!) | **Tipp** Auf halber Strecke zwischen Eingang und Museum liegen rechter Hand die Relikte der seit dem 13. Jh. nachgewiesenen Mühle am Scheuermühlenteich (siehe auch Seite 204).

70 Die Palmenallee in der Flora

Wandeln unter Wedeln

Köln hat zwar keinen Palmenstrand, aber eine Palmenallee, und zwar die erste und einzige ganz Deutschlands. Gebildet wird sie von Chinesischen Hanfpalmen, deren Samen erstmals 1830 von dem deutschen Naturforscher Philipp Franz von Siebold nach Europa importiert wurden. Die Art gilt als sehr widerstandsfähig und winterhart. Heimisch ist sie nicht zuletzt im kalten Himalaja, beste Voraussetzungen also, um auch im rheinischen Klima zu gedeihen.

Zu verdanken hat Köln diese Allee-Premiere dem Flora-Mitarbeiter Werner Rößner. Nachdem 1975 das erste Bäumchen – Mutter aller weiteren – im Innenhof der tropischen Gewächshäuser gepflanzt worden war, topfte der Palmennarr Sämling auf Sämling ein. Und im Mai 2008 war es dann so weit: Dreißig kölsche Palmen wurden aus ihren Zuchtkübeln entlassen und ins Freiland umgesetzt. Seitdem schmücken sie die Nord-Süd-Achse des Gartens zwischen den Schaugewächshäusern und dem Alpinum.

Zwischen den Palmen ermöglicht ein großzügiger grasbewachsener Mittelstreifen nun das »Wandeln unter Wedeln«. Bei der Unterbepflanzung entschied man sich für eine niedrig wachsende kunterbunte Blumenpracht à la »Mille Fleurs«: Das Tausend-Blumen-Meer war im Frankreich des 15. und 16. Jahrhunderts bei der Hintergrundgestaltung von (Wand-)Teppichen sehr beliebt. Zusammen entwickeln diese gartenbaulichen Elemente eine entspannte, südländische Atmosphäre.

Mittlerweile erreichen die Bäume eine Höhe von über zweieinhalb Metern, gut zehn Meter sind bei ausgewachsenen Exemplaren möglich. Und da auch in unseren Breiten ein Jahreswachstum von fünfzig Zentimetern keine Seltenheit ist, kann für das hundertjährige Jubiläum von Flora und Botanischem Garten anno 2014 noch einiges erwartet werden.

Adresse Am Botanischen Garten | **ÖPNV** Bahn 18, Haltestelle Zoo/Flora | **Öffnungszeiten** Sommers 8–21, winters von 8 Uhr bis zum Einbruch der Dunkelheit | **Tipp** Selbstverständlich sollte man sich auch die restlichen Anlagen des Botanischen Gartens mit seinen über zehntausend Pflanzenarten ansehen. Einen besonders schönen Anblick bietet der Felsengarten mit dem ihm zu Füßen liegenden Seerosenteich.

71 Die Pferderennbahn

Grüne Lunge des Kölner Nordens

Ein Tag auf der Pferderennbahn kann durchaus ein Tag ohne galoppierende Vierbeiner sein. Das Gelände ist schließlich auch in wettkampffreien Zeiten geöffnet, und fast leer hat es einen ganz eigenen Reiz. Hauptattraktion sind die beiden Tribünen, entworfen von dem Rennbahnexperten Otto March (1845–1913). Bedeutenden Einfluss auf seinen Architekturstil hatte eine Englandreise im Jahr 1888, und auch das Weidenpescher Ensemble erinnert entfernt an ein britisches Landhaus. Spektakulär kommt vor allem die Haupttribüne daher, die wie die gesamte Rennbahn 1897 entstand. Das von Holzbalken gestützte Dach trägt einen zweiten Stock, der einst der Kölner High Society vorbehalten war. Von hier verfolgte man zum Beispiel ab 1934 das berühmte Frühjahrsrennen um den Gerling-Preis, Deutschlands älteste Sponsoring-Veranstaltung. Inzwischen ist der Oberrang jedoch seit Jahren wegen Baufälligkeit gesperrt.

Sehr atmosphärisch gestaltet sich auch ein Gang durch den ausgedehnten Eingangsbereich des Weidenpescher Areals. Die nach dem Fachwerkprinzip aufgebaute Alte Waage wurde 1987 renoviert und dient heute ganzjährig als Gastronomiebetrieb mit hübschem Biergarten. An der Neuen Waage satteln an Renntagen die siegreichen Jockeys zum Wiegen ab, bevor sie aufs Podest steigen. Etwas weiter hintendurch liegt schließlich der Führring, Laufsteg für die eigentlichen Stars. Hier werden die Pferde vor dem Start im Schritttempo dem Publikum vorgestellt und von Kennern auf ihre psychische und körperliche Verfassung hin begutachtet.

Der Kölner Rennverein steckt heutzutage in den roten Zahlen. Immer wieder kommen Diskussionen auf, einen Teil des Geländes zu bebauen, aber noch hat die grüne Lunge des Kölner Nordens gewichtige Fürsprecher. Den schönsten Blick über das riesige Rennoval genießt man vom »Hippodrom« aus. Die Freiterrasse der 1987 eröffneten Gaststätte liegt direkt an der Zielgeraden.

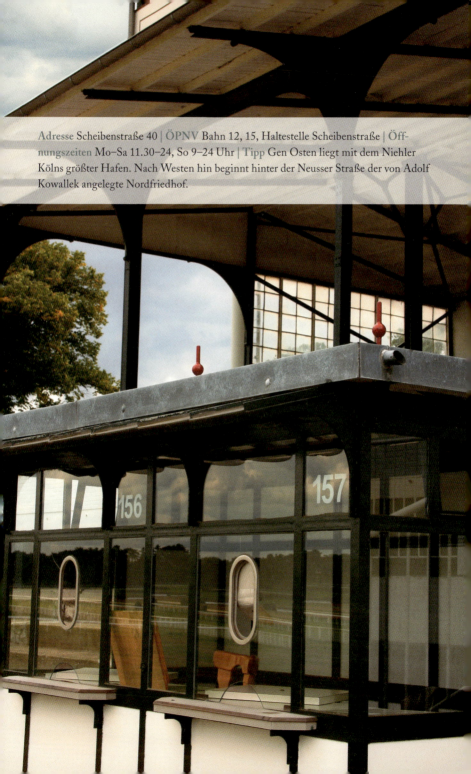

Adresse Scheibenstraße 40 | **ÖPNV** Bahn 12, 15, Haltestelle Scheibenstraße | **Öffnungszeiten** Mo–Sa 11.30–24, So 9–24 Uhr | **Tipp** Gen Osten liegt mit dem Niehler Kölns größter Hafen. Nach Westen hin beginnt hinter der Neusser Straße der von Adolf Kowallek angelegte Nordfriedhof.

72 Die Plattform des KölnTriangle

Ein Panoramablick vom Sieben- bis zum Vorgebirge

Der Blick vom rechtsrheinischen Deutzer Ufer auf die Innenstadt ist seit jeher das beliebteste Motiv für Holzschnitzer, Kupferstecher, Maler und Fotografen. Seit dem Mai 2006 besteht die Möglichkeit, diese Ansicht auch aus einer spektakulären Vogelperspektive zu genießen. 103,2 Meter schießt der KölnTriangle in den Himmel und ist damit das höchste Gebäude der »Schäl Sick«. 565 Treppenstufen führen hinauf, aber auch ein hochmoderner Aufzug, der die 29 Etagen in nur 27 Sekunden bewältigt. Dank der umlaufenden Fensterfront bietet sich von der Plattform aus ein wunderschöner Panoramablick. Während sich im Süden das Sieben- und im Westen das Vorgebirge erhebt, liegt dem Besucher die Kölner Innenstadt quasi zu Füßen. Nur der Dom und der Colonius verlangen, dass man den Kopf ein bisschen in den Nacken legt.

Die Aussicht auf die Kathedrale sorgte im Übrigen auch für einen langwierigen Streit der Stadt mit der Unesco. Die Organisation drohte mit einer Streichung des Doms von der Liste des Weltkulturerbes, falls er durch weitere Wolkenkratzer zugestellt werde. Schließlich einigte man sich auf einen Kompromiss: Das rechtsrheinische Hochhauskonzept wurde überarbeitet und teilweise revidiert, die ursprüngliche Höhe des KölnTriangle um eine Etage gekürzt.

In der Planungsphase sprach man noch vom LVR-Turm, nach dem Bauherrn, dem Landschaftsverband Rheinland. Der endgültige Name KölnTriangle, ein deutsch-englischer Zwitter, bezieht sich auf die Adresse des Gebäudes. Nikolaus Otto, nach dem der Ottoplatz benannt ist, entwickelte ab 1876 in Deutz den Ottomotor. Auf dieser Technik baut auch der Wankelmotor auf, dessen Gehäuse einem bauchigen Dreieck – in der Fachsprache: Reuleaux-Dreieck – gleicht. Zu Ottos Gedenken also erhielt der LVR-Turm den Grundriss einer Triangel.

Adresse Ottoplatz 1 | **ÖPNV** Bahn 1, 7, 9, Haltestelle Deutzer Freiheit | **Öffnungszeiten** Okt.–April Mo–Fr 12–18, Sa u. So 10–18 Uhr; Mai–Sept. Mo–Fr 11–22, Sa u. So 10–22 Uhr | **Tipp** Wer auch den über Jahrhunderte traditionellen Blick auf die Kölner Innenstadt genießen möchte, der begebe sich in den Uferbereich des Rheinparks. Hier holten sich die alten Meister ihre Motive.

73 Die Poller Köpfe

Umspülte Landzungen, ohne die Köln
nicht Köln wäre

Jeder kennt sie, jene ausgedehnte Grünfläche, die sich entlang dem Rhein von Deutz über Poll bis nach Westhoven erstreckt. Drei Brücken verbindet sie miteinander, im Norden die Severins-, zentral die Süd- und gen Süden die Rodenkirchener Autobahnbrücke. Es gibt wohl kaum einen Kölner, der hier nicht schon sommers spazieren gegangen ist, Lenkdrachen bewundert oder höchstselbst Fußball oder Tennis gespielt hat.

Aber die Poller Wiesen sind mehr als ein bloßes Freizeitareal. Ohne sie, so kann man jenseits jeglicher Übertreibung feststellen, sähe Köln wahrscheinlich ganz anders aus. Denn von Weiß aus legt sich der Rhein in eine westliche Schleife, die erst in Mülheim wieder endet. Jahrhundertelang bestand deshalb bei Poll die Gefahr, dass der Fluss aus seinem Bett treten und sich weiter östlich den geradesten Weg gen Mülheim suchen könnte. Die Altstadt, der Dom, mit anderen Worten: Köln hätte dann nicht mehr am Rhein gelegen. Was das bedeutet hätte, ahnt jeder, der die hiesige Historie kennt: Kölns Reichtum, basierend auf dem Binnenhafen, hätte sich nie so entfaltet, und das Stapelrecht wäre womöglich dem rechtsrheinischen Herzogtum von Berg zugefallen.

Schon ab etwa 1200, als auch die mittelalterliche Stadtmauer entstand, begann man deshalb, den Flusslauf rechtsrheinisch zu stabilisieren. Ins Wasser ragende Dämme wurden installiert, um die Ufer zu entlasten. Poll gehörte zwar zum Herzogtum Berg, aber Köln erhielt das Pflegerecht für diese Dämme, die sogenannten »Poller Köpfe«. Heutzutage werden die umspülten Landzungen gern von Kindern beschritten, die sich an ihrer Spitze wie Piraten auf einer Rheininsel fühlen dürfen; oder von Pärchen, die sich für ein halbes Stündchen separieren möchten. Dass sie hier auf einem jener historischen Dämme sitzen, ohne die Köln womöglich nicht Köln wäre, ahnt wahrscheinlich kaum einer von ihnen.

Adresse Rechtsrheinisch zwischen Süd- und Rodenkirchener Brücke | **ÖPNV** Bahn 7, Haltestelle Raiffeisenstraße | **Öffnungszeiten** Ganzjährig, falls nicht gerade überschwemmt | **Tipp** Die Poller Köpfe sind Teil der Poller Wiesen. Vor allem an schönen Tagen gibt es keinen Grund, sich von hier fortzubewegen.

74 Das Prätorium

Die römische Machtzentrale am Rhein

Das Prätorium ist ein Ort, den man auswärtigen Gästen gern als Erstes zeigt, um ihnen einen Eindruck von Köln und seiner Historie zu verschaffen. Die Tatsache, dass man sich hier im Herzen der antik-römischen Machtzentrale aufhält, wirkt ebenso imposant wie die steinernen Reste des unterirdischen Areals, das sogar über eine Fußbodenheizung verfügte. Entdeckt wurde es 1953 bei Arbeiten zur Wiedererrichtung des im Krieg zerstörten Spanischen Baus. Eine interessante historische Parallele also: Das Regierungszentrum der Stadt befand sich vor zweitausend Jahren an exakt derselben Stelle wie heute.

Als Prätorium bezeichnete man in der römischen Republik ursprünglich das Zelt des Oberbefehlshabers in einem Legionslager. Später wurde der Name auch auf den ständigen Sitz eines Kommandanten oder Statthalters angewandt. Das Kölner Prätorium verdankt sich der Stadtmutter Agrippina der Jüngeren, die ihren Gatten, Kaiser Claudius, 50 n. Chr. dazu überredete, ihren Geburtsort vom schlichten Oppidum zur Colonia zu erheben. Köln wurde zur Hauptstadt Niedergermaniens, das Prätorium zum Amtssitz. Ein Holzmodell (Maßstab 1:100) kurz hinter dem Eingangsbereich belegt eindrucksvoll, wie herrschaftlich dieser Palast einst angelegt war.

Einer der ersten rheinischen Statthalter war der Römer Aulus Vitellius. Zeitzeugen beschreiben ihn als dickleibigen, unbeherrschten Trunkenbold mit auffällig rotem Gesicht, der allerdings wegen seiner derb-direkten Sprache bei seinen Gefolgsleuten in hohem Ansehen stand. Nach Neros Selbstmord (68 n. Chr.) ließ er sich im Folgejahr in Köln zum Kaiser wählen. Zum Zeichen seiner Legitimation trug er dabei Cäsars Schwert, das im Marstempel der rheinischen Kolonie aufbewahrt wurde. Sein Ende war schrecklich: Schon elf Monate später wurde er nach der Niederlage in der Schlacht von Bedriacum aus dem Amt gejagt, zu Tode gefoltert, am Haken durch Rom geschleift und in den Tiber geworfen.

156

Adresse Kleine Budengasse, unter dem Spanischen Bau | **ÖPNV** Bahn 5, 16, 18, Haltestelle Dom/Hbf. | **Öffnungszeiten** Di–So 10–17 Uhr | **Tipp** Im Eintrittspreis enthalten ist die Besichtigung des römischen Abwasserkanals. 105 Meter des bis heute makellos erhaltenen Tunnels können begangen werden.

75 Der Preußen-Dellbrück-Weg

Ein Denkmal für den rechtsrheinischen Kultverein

Es gab einmal eine Zeit, da spielte der 1. FC Köln nur die zweite Geige in der Domstadt. 1950 war das, und der kleine Vorortclub aus dem Rechtsrheinischen hieß Preußen Dellbrück. Vor dem letzten Spieltag der Oberliga West lag der FC nur dank des besseren Torverhältnisses vor den Preußen. Die Geißböcke verloren jedoch mit 2:3 bei Alemannia Aachen, während die Dellbrücker vor fünfzehntausend Zuschauern Rhenania Würselen mit 4:1 vom Platz fegten.

Die Underdogs hatten sich für die Endrunde der Deutschen Meisterschaft qualifiziert. Auch die Fachpresse war außer sich, als sich die Preußen durch Siege gegen Reutlingen und Mannheim sogar bis ins Halbfinale kämpften. Den Einzug ins Endspiel verhinderte schließlich erst eine dramatische Niederlage (0:3 im Entscheidungsspiel) gegen Kickers Offenbach.

Die Heimstatt des Vereins lag an der Bergisch Gladbacher Straße. »Et Höffje«, wie der 1922 angelegte Sportplatz genannt wurde, drohte nicht selten aus allen Nähten zu platzen, die Mannschaft wurde von ihren Fans geradezu kultisch verehrt. Aber zwei Jahre nach jenem grandiosen Durchmarsch war Schluss mit dem Höffje. 1952 wurde es für den Ballsport geschlossen, die Kaserne Moorslede entstand. Die Preußen mussten in fremde Stadien ausweichen und verloren dadurch drastisch an Zuschauern. Auch verließen altgediente Spieler den Verein, sodass man 1957 mit Rapid Köln fusionierte und sich den neuen Namen Viktoria Köln zulegte. Die Ära von Preußen Dellbrück, gegründet 1912, war beendet.

Erst im Jahr 2006 kam man städtischerseits auf die Idee, dem untergegangenen Traditionsverein ein Denkmal zu setzen. Auf einem Teil des Kasernengeländes wurde eine autofreie Siedlung errichtet. Die Zeilen der Reihenhäuser sind durch kleine Pfade verbunden, die alle denselben Namen tragen: Preußen-Dellbrück-Weg.

Adresse Preußen-Dellbrück-Weg, zwischen Heidestraße und Kasernengelände direkt an der Bergisch Gladbacher Straße | **ÖPNV** Bahn 3, 18, Haltestelle Dellbrück/Mauspfad | **Tipp** Thematisch naheliegend ist ein Besuch des 1926 errichteten Sportparks Höhenberg, Spielstätte von Viktoria Köln. In den 1990ern firmierte der Verein übrigens für einige Jahre unter dem Namen SCB Preußen Köln.

76 Der Räderraum der Schokoladenfabrik

Verwaiste Industriehistorie in der Südstadt

Man betritt einen begrünten Innenhof an der Annostraße und steht vor einem großen Rätsel. Gigantische rot angestrichene Stahlräder, verbunden durch Achsen und halb versunken in einem gekachelten Betonpodest. Ein Industriedenkmal, natürlich! Aber dass sich hier einst alles um Schokolade drehte, darauf kommen wohl nur noch die älteren Einheimischen der Südstadt. Und doch: Diese Schwungräder betrieben früher Kompressoren, mit denen flüssig-heiße Schokoladenmasse gekühlt wurde. Zusammen mit dem zwanzig Meter weiter stehenden Stumpf eines alten Schornsteins bilden sie die letzten Relikte jener Fabrik, die das Leben des Viertels über hundert Jahre lang bestimmte.

Um 1860 herum begründete der Unternehmer und Caféhausbesitzer Franz Stollwerck seine Süßwarenproduktion am südlichen Ende der Stadtmauer. Im Deutsch-Französischen Krieg von 1870/71 avancierte er zum Generalausrüster der Truppen in Sachen Kekse und Schokolade und legte damit den Grundstein für weitere Expansionen. Als die Fabrik dann 1972 schloss und verkauft werden sollte, wandelte sich das Areal zum Spekulationsobjekt. Den großen Reibach machte Hans Imhoff, inzwischen Besitzer von Stollwerck, der von der öffentlichen Hand nicht nur die 50 Millionen DM für das Grundstück, sondern darüber hinaus noch 20 Millionen Zuschuss für die neue Produktionsstätte in Porz kassierte.

Hausbesetzungen, kulturelle Initiativen und Anwohnerproteste konnten in den folgenden Jahren den Abriss der Fabrikgebäude nicht verhindern. Erhalten blieb lediglich ein schmaler Streifen an der Karl-Korn-Straße. Von ihren rückwärtigen Balkonen aus blicken die Bewohner heutzutage auf jene eisernen Räder – und hin und wieder auf einen historisch interessierten Touristen, der um dieses isolierte Denkmal herumstreicht.

Adresse Annostraße, gegenüber von Nr. 27 | **ÖPNV** Bahn 15, 16, Haltestelle Chlodwigplatz; Bus 132, 133, Haltestelle Severinskirche | **Tipp** Nahebei an der Dreikönigenstraße liegt das Bürgerhaus Stollwerck, das ab 1906 zunächst als preußisches Heeresproviantmagazin diente. Das Café im Erdgeschoss offeriert einen weiten Blick über den Trude-Herr-Platz.

77 _ Das Radstadion

Albert Richter, Radrennheld und Antifaschist

Dass Köln einst eine Hochburg des Bahnradsports war, gerät heutzutage allmählich in Vergessenheit. Dabei wurden hier, auf der Riehler Radrennbahn, 1895 die ersten Bahnradsport-Weltmeisterschaften ausgetragen. Zum bedeutendsten Velodrom des 20. Jahrhunderts avancierte alsbald die 1923 erbaute Müngersdorfer Radrennbahn. Über zwanzigtausend Zuschauer füllten hier die Ränge, wenn Radsporthelden wie Gustav Kilian, Wilfried Peffgen oder Jean Breuer durch die steilen Kurven jagten. Beliebt waren über Jahrzehnte vor allem Steherrennen – im Windschatten eines Krads entwickeln die Rennräder Geschwindigkeiten von bis zu 85 Stundenkilometer.

Nach dem Abriss der Radrennbahn entstand 1996 an gleicher Stelle das heutige moderne Radstadion. So beeindruckend die oval geschwungene Dachkonstruktion, so halsbrecherisch wirkt die umlaufende Holzbahn, die an ihrer steilsten Stelle mit einem Neigungswinkel von 43 Grad aufwartet. Mit dem Namen »Albert-Richter-Bahn« wird die Erinnerung an einen großen Kölner Radsportler wachgehalten. Albert »Teddy« Richter, geboren 1912 in Ehrenfeld, holte sich 1932 die Sprint-Weltmeisterschaft der Amateure. Als Profi errang er zwischen 1933 und 1939 sieben DM-Titel und zwei Vize-Weltmeisterschaften.

Noch bemerkenswerter als seine sportlichen Erfolge war Richters Verhalten gegenüber dem Hitler-Regime. Es ist bezeugt, dass er bei Siegerehrungen und anderen offiziellen Anlässen mehrfach den Nazi-Gruß verweigerte. Außerdem hielt er seinem jüdischen Trainer Ernst Berliner lebenslang die Treue. Die Nazis, so zitieren ihn Kollegen, waren für Richter eine »Verbrecherbande«.

Am 31. Dezember 1939 wurde Richter bei einem versuchten Grenzübertritt von der Gestapo verhaftet. In den Reifen seines Rads hatte er 12.700 Reichsmark versteckt, die für einen im Ausland lebenden Kölner Juden bestimmt waren. Zwei Tage später war Albert Richter tot, vermutlich wurde er erschossen.

Adresse Aachener Straße 999 | **ÖPNV** Bahn 1, Haltestelle Rheinenergiestadion | **Öffnungszeiten** Nur zu Veranstaltungen, siehe www.radstadion-koeln.de | **Tipp** Wer der Aachener Straße stadteinwärts folgt, stößt nach zwei Kilometern linker Hand auf den Melatenfriedhof. In Flur E 8 liegt das Grab von Albert Richter.

78 Die Rheinau-Tiefgarage

Ein Tunnel im Überschwemmungsgebiet

Der Rheinauhafen ist längst zu einer Attraktion für Wochenend-ausflügler geworden. Beliebt sind vor allem die Museen und Cafés sowie der abwechslungsreiche Weg zwischen Rheinkai auf der einen und moderner Architektur auf der anderen Seite. Eine – zugegebe-nermaßen etwas schräge – Alternative existiert aber auch eine Etage tiefer: Vom Bayenturm bis zum Schokoladenmuseum zieht sich die Tiefgarage des Viertels. In beinahe schnurgerader Linie durchmisst sie eine Strecke von eineinhalb Kilometern, kleinere Schwenks sind bedingt durch die Fundamente denkmalgeschützter Altbauten. Fünfzehn Monate vergingen, bis hier im November 2003 das ers-te Auto parken konnte. Heute offeriert der Kölner »Alpentunnel« rund 1.800 Stellplätze auf 41.000 Quadratmetern Geschossfläche, die über drei Zu- und Ausfahrtrampen sowie 31 Treppenhäuser erreichbar sind.

Eine besondere Herausforderung für die Ingenieure war das niedrige Niveau der Garage und ihre Lage unmittelbar am Fluss-ufer. Die Unterkante des Tunnels liegt bei 6,70 Metern Kölner Pegel, ein Wasserstand, der jedes Jahr gleich mehrmals überschritten wird. So stand man also vor der Aufgabe, ihre Betonkonstruktion so was-serfest wie ein U-Boot zu gestalten. Steigt der Pegel auf 9,40 Meter, werden die stählernen Hochwasserschutztore geschlossen, ab 10,90 Metern kommen an den Ausgängen mobile Hochwasserschutzwän-de zum Einsatz, sodass hier – nach aller Wahrscheinlichkeit – nie-mand je das Absaufen seines Wagens befürchten muss.

Die Schranken an den Zufahrtsrampen sind übrigens so kurz ge-halten, dass man mit dem Fahrrad (oder Motorrad) bequem an ihnen vorbeikommt. Eine reine Freude ist die Durchfahrt allerdings nicht: Die niedrige Deckenhöhe und die dort verlaufenden Leitungen sor-gen dafür, dass man permanent den Kopf einzieht. Autofahrer sind mit 80 Cent pro Tour dabei (für maximal eine halbe Stunde) – ein Klacks gegenüber den gängigen Kirmespreisen.

Adresse Unter dem Rheinauhafen | **ÖPNV** Bahn 15, 16, Haltestelle Ubierring; Bus 106, Haltestelle Rheinauhafen oder Schokoladenmuseum | **Tipp** Wer nach der Unterquerung des Geländes keinen unbezwingbaren »Tunnelblick« bekommen hat, sollte den Rückweg dann lieber doch oberirdisch in Angriff nehmen. Es lohnt sich!

79 Die Rheinkehlmauer

An der Wiege des Deutschen Schäferhundes

Das rechtsrheinische Ufer an der Deutzer Brücke ist breit und gepflastert. Alljährlich wird hier zu Ostern und im Herbst die größte Kirmes der Stadt aufgebaut. Aber auch jenseits dieser temporären Attraktionen lohnt sich ein Besuch. Denn rund hundert Meter südlich der Brücke stößt man linker Hand auf einen ungewöhnlichen steinernen Wall: eine preußische Wehranlage.

Die Infanteriemauer wurde 1818 zur Verteidigung des Deutzer Rheinufers angelegt. Das mit Schießscharten ausgestattete Bauwerk aus liegenden Basaltstelen liefert heutzutage das letzte Zeugnis von der ehemaligen Uferbefestigung des rechtsrheinischen Viertels. Zu betrachten ist es nur vom Kai aus, weil es ostwärts bis auf Brüstungshöhe angeschüttet wurde. Die links anschließende Treppe entstand um 1940 im Rahmen einer geplanten »Internationalen Verkehrsausstellung«. Vorher hatte hier ein Kehlmauervorsprung gelegen.

Weitreichende Folgen hatte ein Ereignis irgendwo jenseits der Mauer. 1889 war das preußische Kürassier-Regiment Graf Gessler nach Deutz verlegt worden, darunter der junge Rittmeister Max von Stephanitz (1864–1936). Der Dresdener Adelsspross hatte ursprünglich Landwirt werden wollen, sich dann aber für eine Militärkarriere im Sattel entschieden. Eines langweiligen Tages, die Truppe war zu einem Manöver aufgebrochen und er in der Etappe zurückgeblieben, beobachtete er einen Schäfer bei seiner Arbeit. Die Konstellation kam ihm bekannt vor: Der Schäfer agierte als Kommandant, der Hund als Meldereiter, die Schafe stellten die Armee der Fußsoldaten. Besonders faszinierte ihn der Hund, der die Rufe und Zeichen seines Herrchens offenbar mühelos verstand und in die Tat umsetzte. Von Stephanitz begann sich unter den damals noch sehr unterschiedlichen deutschen Hütehunden umzusehen und kaufte schließlich 1898 einen dreijährigen Frankfurter Zuchtrüden. Das auf den Namen »Horand von Grafrath« getaufte Tier wurde zum Stammvater aller Deutschen Schäferhunde.

Adresse Zwischen Deutzer Werft und Siegburger Straße | **ÖPNV** Bahn 1, 7, 9, Haltestelle Deutzer Freiheit | **Tipp** So thematisch wie geographisch naheliegend ist eine Besichtigung des Lanzenreiter-Standbildes an der Deutzer Brücke, gewidmet den Gefallenen des Kürassier-Regiments Graf Gessler.

80 Die Rhododendron-Schlucht

Farbenpracht im alten Infanteriegraben

Der Forstbotanische Garten wurde 1964 auf einer Fläche von insgesamt 25 Hektar angelegt. Damals gehörte Rodenkirchen noch zur Bürgermeisterei der Großgemeinde Rondorf. Weitere hundert Jahre zuvor war das Gelände Teil des ganz Köln umpannenden äußeren Festungsrings. Dass an diese Vergangenheit heute ausgerechnet die Rhododendron-Schlucht erinnert, hält man zunächst einmal nicht für möglich. Vor allem zur Blütezeit im April/Mai erwartet den Besucher ein Meer von Farben, das Gedanken an Militär und Krieg in weite Ferne rückt.

Aber so ist es! Genau auf Höhe der Schlucht entstand ab 1907 der Infanteriestützpunkt Hermannshof. Der lang gezogene Graben deckt sich mit der damaligen Kehlfront, während auf dem umlaufenden Fußweg einstmals die Schützenstellungen lagen. Die Trümmer der nach dem Ersten Weltkrieg gesprengten Militärbauten verwendete man zur Anlage des an die Schlucht grenzenden Felsengartens.

Rhododendron gehört zur Familie der Heidekrautgewächse. Er wurzelt sehr flach und erreicht eine mittlere Höhe von 1,20 Metern. Der Name, griechisch für »Rosenbaum«, wurde bis ins ausgehende Mittelalter noch für den Oleander benutzt, bevor der schwedische Botaniker Carl von Linné (1707–1778) ihn ummünzte. Die Rodenkirchener Prachtanlage wirkt umso erstaunlicher, als Rhododendron äußerst pflegebedürftig ist. Daneben benötigt er extrem sauren Boden, sodass er im eigenen Garten praktisch keine Überlebenschance hat. So schön die Pflanzen anzusehen sind, sollte man sie dennoch mit Vorsicht »genießen«. Die meisten Arten enthalten nämlich das Gift Grayanotoxin, das nicht nur in den Blättern, sondern auch im Pollen und im Nektar vorkommt. Übermäßiger Genuss des Honigs kann zu verlangsamter Herztätigkeit, gar zu Koma und Tod führen.

Adresse Schillingsrotter Straße 100 | ÖPNV Bahn 16, Haltestelle Rodenkirchen; Bus 131, Haltestelle Konrad-Adenauer-Straße | Öffnungszeiten Nov.–Feb. 9–16, März, Sept. u. Okt. 9–18, April–Aug. 9–20 Uhr | Tipp Direkt an den Forstbotanischen Garten grenzt der in den 1980ern angepflanzte Friedenswald. Hier wachsen Bäume und Sträucher aus allen Staaten, mit denen die BRD damals in diplomatischer Beziehung stand.

81 Das Rodenkirchener Kapellchen

Die Legende vom Kahn, der flussaufwärts schipperte

Die Kirche Alt St. Maternus, wie sie offiziell heißt, gehört zu den 13 kleineren romanischen Kirchen vor den ehemaligen Kölner Stadttoren. Für Rodenkirchener ist sie heute schlicht »das Kapellchen«. In seinen Grundfesten stammt es aus dem 10. Jahrhundert, fünf Jahrhunderte später wurde dem Mittel- ein Seitenschiff mit gotisch gestalteten Fenstern angebaut.

Besonders attraktiv wird ein Besuch durch die malerische Lage auf einem Felsvorsprung direkt am Rheinufer. In einer offenen Nische findet sich denn auch eine Statue des heiligen Maternus. Ihre Gestaltung – Maternus führt das Steuerruder eines Kahns – verweist auf den aparten Gründungsmythos des Kapellchens.

Angeblich konnten sich nämlich die Städte Tongeren (Belgien), Trier und Köln nicht darüber einigen, wo ihr Bischof Maternus (gestorben um 328) begraben werden sollte. Um dem Streiten ein Ende zu machen, beschloss man, sich einem Gottesurteil zu unterwerfen. Maternus' Leichnam wurde in einem Kahn zu Wasser gelassen – wo genau, ist unklar. Überraschenderweise schwamm er flussaufwärts, sodass sich Trier bereits als glückliche Reliquienstätte wähnte. Erst in Rodenkirchen jedoch legte das Schiffchen am Ufer an, die heilige Reise war beendet. Maternus wurde an Ort und Stelle bestattet, und über seinem Grab wurde ein Gotteshaus errichtet. Schon im Mittelalter sollen Schiffsprozessionen zur Maternuskirche geführt haben, um die Gefahren des Rheinhochwassers zu bannen.

Während die Legende nicht zuletzt den Gesetzen der Physik widerspricht, ist historisch belegt, dass Maternus der erste Bischof von Köln war. Und als wahrscheinlich gilt zudem, dass es sich bei jenem Bischofsstab in der Kölner Domschatzkammer tatsächlich um den des heiligen Maternus handelt. Bei wichtigen Anlässen wird er noch heute verwendet.

Adresse Steinstraße 1 in Rodenkirchen | **ÖPNV** Bahn 16, Haltestelle Heinrich-Lübke-Ufer | **Öffnungszeiten** So 10–18 Uhr | **Tipp** Bei schönem Wetter empfiehlt sich ein Besuch eines der zahlreichen Gastronomieschiffe am Rheinufer.

82 Das Römergrab von Weiden

Die besterhaltene Gruft nördlich der Alpen

Aachener Straße, Hausnummer 1328: Der Verkehr wird ruhiger, das Müngersdorfer Stadion und die Auffahrten zur A1 sind längst passiert. In Weiden, am westlichen Ende der Metropole, tauchen schon die ersten dörflich-kleinen Häuschen am Straßenrand auf – der heutige Stadtteil war bis Ende des 19. Jahrhunderts ein Straßendorf. Etwa sechs Meter unter dem heutigen Niveau entdeckte man hier 1843 beim Ausheben einer Baugrube das besterhaltene Römergrab nördlich der Alpen.

Ursprünglich fungierte die auf das 2. Jahrhundert datierte Familiengruft als reines Urnengrab, insgesamt 29 Bestattungsnischen sind in die Wände eingelassen. Wahrscheinlich im 3. Jahrhundert wurde hier jedoch jener marmorne Sarkophag aufgestellt, der noch heute zu besichtigen ist. Die Römer hatten sich diese Art der Bestattung in Steinmonumenten von den Griechen angeeignet. Das Wort Sarkophag bedeutet so viel wie »Fleischfresser«, ausgehend von dem Glauben, bestimmte Steine aus Assos in Kleinasien würden das Fleisch der Leiche verzehren. Später wurde die Bezeichnung dann auch auf hölzerne Särge übertragen.

Auch jenseits des Sargs war die Grabkammer bei ihrer Entdeckung gut gefüllt und offenbar von keinem Grabräuber geplündert worden. Neben drei Bildbüsten fand man zwei kalksteinerne Sessel, deren Gestaltung einem Korbgeflecht nachempfunden ist. Entscheidende Hinweise für die Datierung der Anlage lieferten die Münzbeigaben, deren Prägungen vom Jahre 70 (Vespasian) bis zur Mitte des 4. Jahrhunderts (Konstantin der Jüngere) reichen.

Schon ein Jahr nach der Erschließung wurde dem ursprünglich zweigeschossigen Monument ein Oberbau aufgesetzt und ein Wächterhaus angeschlossen. Für die Baupläne zeichnete der Dombaumeister Ernst Zwirner (1802–1861) verantwortlich.

Adresse Aachener Straße 1328 | **ÖPNV** Bahn 1, Haltestelle Weiden/Schulstraße
Öffnungszeiten Di–Do 10–13, Fr 10–17, Sa u. So 13–17 Uhr, an Feiertagen geschlossen, in Ferienzeiten zeitweilig geschlossen; Gruppenanmeldungen: Tel. 02234/733 99
Tipp Über die Bonnstraße gelangt man nach etwa zehn Kilometern nach Hürth-Efferen, wo auf der Ecke Luxemburger und Kaulardstraße eine weitere gut erhaltene römische Grabkammer zu besichtigen ist (Schlüssel über Tel. 02233/533 62).

83_Die römische Hafenstraße

Eine holprige Gasse aus schimmerndem Basalt

Betongrau das Römisch-Germanische Museum, betongrau auch die Einfahrt zur Tiefgarage unter dem Dom, aber plötzlich: eine scheinbar gottverlassene Schneise. Abgewetzte, blaugrau schimmernde Basaltquader, erdig verfugt, markieren eine fünf Meter breite Straße, die gen Rhein führt.

Entdeckt wurde sie bei Grabungsarbeiten zum Bau des Römisch-Germanischen Museums (eröffnet 1976). Da an dieser Stelle jedoch die Tiefgarage unter dem Dom beginnen sollte, beschloss man, zumindest ein Teilstück fünf Meter weiter südlich neu anzulegen. Wer es heute besichtigt, denkt spontan: Mein Gott, was wurden die armen Leute damals wohl durchgeschüttelt mit ihren hölzernen Reifen und ungefederten Achsen! Die breiten Fugen und holprigen Anschlüsse verdanken sich jedoch angeblich einem Patzer der Archäologen. Nachdem die gesamten 65 Meter freigelegt waren, hob man die Steine aus und nummerierte sie durch – allerdings zum Schutz des Materials mit Kreide. Diese wurde vom nächsten Regen hinweggespült, sodass nun niemand mehr wusste, wie dieses Puzzle zusammenzusetzen sei. Daraus folgt: Weder die Anordnung noch die Verfugung der heute zu besichtigenden Gasse entsprechen römischer Straßenbaukunst.

Irreführend ist wohl auch der Name »Hafenstraße«. Denn zum einen lag mindestens seit dem 2. Jahrhundert östlich dieser Fundstelle kein Hafenbecken mehr, zum anderen wurden die Kölner Straßen erst ab dem 4. Jahrhundert mit Steinen gepflastert. Wie man schon damals ausgediente Baumaterialien recycelte, lässt sich übrigens schön an jenem 1997 aufgestellten Stück des römischen Abwasserkanals studieren, das direkt neben dem Pflaster steht. In der rechten Ecke ist unter anderem ein ehemaliges Säulenstück verbaut. Der Grund dafür: Das nahe Siebengebirge hielt zwar genügend Vorräte an – billigem – Baumaterial bereit, aber man scheute die hohen Transportkosten.

Adresse Zwischen Roncalli- und Kurt-Hackenberg-Platz | **ÖPNV** Bahn 5, 16, 18; Bus 132, jeweils Haltestelle Dom/Hbf. | **Tipp** Wer sich vertiefend mit der Geschichte des römischen Köln auseinandersetzen möchte, dem sei ein Gang ins angrenzende Römisch-Germanische Museum empfohlen.

84 Der Rosengarten im Fort X

Eher Korallenriff als Blumenmeer

»Mit ihm also tanzte Leni schätzungsweise zwölfmal (...), bevor sie gegen ein Uhr früh sich von ihm in einen unweit gelegenen, in einen Park verwandelten Festungsgraben entführen ließ«, schreibt Heinrich Böll in seinem Roman »Gruppenbild mit Dame«. Jener Festungsgraben, in dem es zum Tête-à-Tête kam, gehört zum preußischen Fort X am Neusser Wall, und die Hülchrather Straße, in der der Kölner Nobelpreisträger von 1969 bis 1982 wohnte, führt genau darauf zu. Schon zu Bölls Zeiten existierte auf dem Dach der Anlage jener Rosengarten, der den Bewohnern des Agnesviertels bis heute als Ort der Besinnlichkeit und Verlustierung dient.

Das »Fort Wilhelm von Preußen«, wie es auch genannt wird, entstand zwischen 1819 und 1825. Nach dem Ersten Weltkrieg rettete Konrad Adenauer es vor der Schleifung. Der erklärte Rosenliebhaber war es auch, der die Einrichtung des Gartens anregte. Die eindrucksvollen Reste des Bollwerks betritt man durch das »Enyeloppen Thor«. Von dort aus geht es steil bergan auf den einst kasemattierten Wall, bevor sich der Blick auf die symmetrisch gegliederten und auf verschiedenen Ebenen angepflanzten Beete öffnet. Die Floskel vom »Blumenmeer« greift hier durchaus, wenn auch die Farbenpracht und Dornen der hier gezüchteten Pflanzen eher an ein bunt schillerndes Korallenriff erinnern. Über siebzig Rosensorten wachsen hier einträchtig nebeneinander, unter ihnen so eigenwillig getaufte Hybridzüchtungen wie die »Peter Frankenfeld«, die »Blue River« oder die »Hamburger Deern«.

Das Fort mit den umliegenden Grünflächen wurde im Jahr 2008 zum »Hilde-Domin-Park« zusammengefasst. Mit dieser Namensgebung ehrt Köln ein weiteres literarisches Kind der Stadt. Die Lyrikerin wurde hier 1909 geboren und lebte bis zu ihrer Emigration 1932 in der nahe dem Fort gelegenen Riehler Straße.

Adresse Zwischen Neusser Wall, Lent- und Innerer Kanalstraße | **ÖPNV** Bahn 12, 15, 16, Haltestelle Ebertplatz; Bahn 16, 18, Haltestelle Reichenspergerplatz | **Tipp** Freunde des Floralen finden wenige hundert Schritte entfernt, auf der anderen Seite der Inneren Kanalstraße/Zoobrückenauffahrt, die Flora, Kölns botanischen Garten.

85_ Die Ruine von St. Alban

Das »Trauernde Elternpaar«

St. Alban am Quatermarkt zählt zu den ältesten Kölner Pfarr-
kirchen. Ein dem Heiligen und Märtyrer Alban geweihtes Gotteshaus muss hier schon vor dem Jahr 800 gestanden haben. Im
Zweiten Weltkrieg mehrfach von Bomben getroffen, verwandelte
es der letzte schwere Fliegerangriff am 2. März 1945 vollends in
eine Ruine. Nur die Außenmauern und ein Teil des Turms blieben
erhalten. Über einen Tauschhandel gelangte die Stadt in den Besitz
des Grundstücks, aber der vorherige Eigentümer, das Erzbistum,
hatte daran Bedingungen geknüpft. St. Alban wurde zu einer Gedenkstätte für die Toten des Krieges und der nationalsozialistischen
Gewaltherrschaft.

Heutzutage präsentiert sich der nach oben offene Innenraum
der Kirche als Ort eines spannenden künstlerischen Überschlags:
Nach dem Ersten Weltkrieg hatte die Bildhauerin Käthe Kollwitz
die steinerne Skulptur »Trauerndes Elternpaar« für das Grab ihres in
Flandern gefallenen Sohnes geschaffen. 18 Jahre lang, bis 1932, hatte
die Künstlerin daran gearbeitet. Die Eltern tragen die Gesichtszüge
von Kollwitz und ihrem Ehemann. Nach dem 2. Weltkrieg setzte
man sich dann auf Wunsch des damaligen Bundespräsidenten Theodor Heuss mit Kollwitz' Angehörigen ins Einvernehmen darüber,
für St. Alban eine Kopie des Ensembles anzufertigen. Den Auftrag
erhielt Ewald Mataré, der sodann seinen Schülern Erwin Heerich
und Joseph Beuys eine Chance gab. Die beiden schufen eine leicht
vergrößerte Nachbildung des ergreifenden Kollwitz-Kunstwerks.

Zudem wurde die Kirchenruine zum tragenden Bestandteil beim
Wiederaufbau des Gürzenich: Ihre östlichen und südlichen Außenmauern bilden gleichzeitig die Innenmauern von Treppenhaus und
Foyer des städtischen Festhauses. Die Idee zu dieser Fusion stammte
von Hans Schilling, damals Mitglied des Planungsstabes. Gleichzeitig fungierte er als leitender Architekt des modernen Neubaus von
St. Alban, der 1958/59 im Stadtgarten verwirklicht wurde.

Adresse Quatermarkt | **ÖPNV** Bahn 1, 7, 9, Haltestelle Heumarkt; Bus 132, Haltestelle Rathaus | **Öffnungszeiten** Der Innenraum ist nur im Rahmen von Führungen geöffnet (siehe www.domforum.de). Die Besichtigung ist jedoch sowohl vom Gürzenich-Treppenhaus aus als auch durch die Gittertüren am Quatermarkt möglich. | **Tipp** Unter St. Alban ist möglicherweise Stefan Lochner begraben, der sein Atelier auf dem Gelände des nebenan liegenden Wallraf-Richartz-Museums hatte.

86 Die Siedlung Wilhelmsruh

Eine Kolonie für die Zucker-Arbeiter

Eine kurze Allee am Rande der Bonner Straße: Hoch ragen die Platanen auf, durch ihre Kronen gelangen nur wenige Lichtstrahlen auf die Straße. Im Schatten der Bäume liegen auch die Häuser, gestaltet in jener stets reizvollen Mischung von gelben und roten Backsteinen. Mittel- und Eckrisalite schmücken die Fassaden, der Nutzgarten nach vorn heraus wird ergänzt durch rückwärtige, über einen Hof zu erreichende Nebengebäude, die einst als Ställe dienten.

Die Siedlung verdankt sich einer Spende des Bonner Geologieprofessors Gerhard vom Rath, Spross einer Zuckerdynastie. Seine drei Söhne waren bereits im Kindesalter gestorben, und so stellte er denn 450.000 DM für eine Arbeiterkolonie zur Verfügung. Was heute wie eingesperrt zwischen den Zweckbauten der Nachkriegszeit wirkt, war zunächst viel weitläufiger geplant worden. Statt der avisierten achtzig Häuser entstanden nach der Grundsteinlegung am 24. März 1888 jedoch schließlich nur dreiunddreißig.

Raths Wunsch gemäß zogen hier vor allem Arbeiter des »Rheinischen Actienvereins für Zuckerfabrication« ein, der 1864 aus einem Zusammenschluss von vier rheinischen Raffinerien hervorgegangen war. Die letzte Kölner Fabrik des Vereins schloss 1912, und in der Folge übernahm dann die Stadt die Rath'sche Stiftung. In den 1980er Jahren wurden die Häuser sorgfältig renoviert, das Ensemble zählt sicherlich zu den schönsten Arbeitersiedlungen Kölns.

Ihr Name, gewählt wegen des Kaisertodes im Mai 1888, erscheint aus heutiger Sicht recht unpassend. Wilhelm I., seit 1861 preußischer König und ab 1871 deutscher Kaiser, war alles andere als ein Freund der Proletarier. Gemeinsam mit seinem Kanzler Bismarck verabschiedete er 1878 das berüchtigte »Gesetz gegen die gemeingefährlichen Bestrebungen der Sozialdemokratie«, das einem umfassenden Parteiverbot gleichkam.

Adresse Bonner Straße, kurz vor dem Raderberggürtel | **ÖPNV** Bus 132, Haltestelle Cäsarstraße | **Tipp** Kontrastreich gestaltet sich ein Gang auf die andere Seite der Bonner Straße. Hier die alten Arbeiterhäuser, dort die prächtigen Villen von Bayenthal und Marienburg.

87 Die Spitze der Rheinauhalbinsel

Am Bug des Schokodampfers

Vor allem am Wochenende heißt es vor dem Schokoladenmuseum im Rheinauhafen: Stau, warten, Schlange stehen. Und das Gleiche gilt dann noch einmal für jene, die ein Wäffelchen vom berühmten Schokobrunnen erhaschen wollen. Eine Etage höher jedoch herrscht selbst an Sonntagen zumeist eine gelassene Ruhe.

Das 1993 eröffnete Museum mit angeschlossenem Süßigkeiten-Supermarkt wurde als Dampfschiff konzipiert – samt dem über dem Eingangsbereich aufragenden Schornstein. Damit zollte man einerseits dem ausgedienten Handelshafen Tribut, andererseits erinnert die Architektur auch an die maritimen Produktionswege der Kakaobohnen von Südamerika bis in die Kölner Südstadt zur Stollwerck-Fabrik.

Die alte Hafeneinfahrt im Norden, Bug des »Schoko-Schiffes«, ist bis heute ohne Museumskarte zugänglich. Wer hinter der Drehbrücke nach links schwenkt, erreicht über 62 Stufen eine aparte Aussichtsplattform direkt über den Produktions-Schauanlagen des Museums. Tatsächlich fühlt man sich hier wie auf dem Oberdeck eines Ausflugsschiffes inklusive Entspannungsbänken und Reling. Entlang den Ufermauern fallen die Kranhäuser ins Auge, und über die Deutzer Brücke hinweg reicht das Panorama vom Bügel der Kölnarena über das Lufthansa-Hochhaus bis zum südlichen Poller Rheinufer.

Ein Blick von der Reling steil nach unten führt hingegen wieder zurück zu den Ursprüngen des 1892 bis 1898 errichteten Hafens. Dort steht – einsam, verlassen und wie eine zu tief angesetzte Gallionsfigur – der in Stein gehauene Nikolaus von Myra. Der Heilige aus dem 3./4. Jahrhundert füllt nämlich nicht nur am 6. Dezember die geputzten Stiefel der Kinder, er dient auch ganzjährig als Schutzpatron der Seeleute.

Adresse Nordende des Rheinauhafens | **ÖPNV** Bahn 1, 7, 9, Haltestelle Heumarkt; Bus 106, Haltestelle Schokoladenmuseum | **Tipp** In das Schokomuseum integriert ist das ehemalige staatlich-preußische Hauptzollamt, erbaut in Formen der Neorenaissance. Ihm korrespondiert am Hafenende das städtisch-kölnische Hafenamt in neoromanischem Stil.

88 Die Sprechecke im Stadtgarten

Ratlose Behörden und ein verwunschener Stein

Der 1828 eingeweihte Stadtgarten ist die älteste Parkanlage Kölns. Angelegt wurde er – auf Anregung einer Bürgerinitiative – als Schmuck- und Flaniergarten vor den Bastionen der alten Stadtmauer. Schon 1860 jedoch verkleinerte sich seine Fläche zugunsten des neu entstehenden Westbahnhofs von ursprünglich elf auf sechs Hektar. So berühmt wie beliebt ist der Stadtgarten heutzutage für sein gleichnamiges Jazz-Kulturzentrum mit angeschlossenem Restaurant und Biergarten. Jogger und Hundehalter hingegen delektieren sich am Anblick des ab 1857 hier angepflanzten exotischen Baumbestands. Weniger spektakulär, aber nicht minder interessant ist die Geschichte eines zunächst unscheinbaren Sandsteins im östlichen Teil des Areals.

Es war im Jahr 1997, als der aus der Spoken-Word-Szene stammende Autor Stan Lafleur hier eine sogenannte »Sprechecke« ausrief. Nach dem Vorbild der Speaker's Corner im Londoner Hydepark sollten sich dort Menschen zu öffentlicher Rede aufstellen können. Ein Jahr später wurde der Ort durch ein Podest veredelt: Der Dombildhauer Michael Oster gestaltete einen »Sprechstein« in Form einer Holzkiste. Ins Kuriose driftete die Aktion im Dezember 2001. Der Stein war plötzlich verschwunden, und weder der Initiator noch das als Förderer aufgetretene Kulturamt wusste Rat. Die Entführer enttarnten sich schließlich nach vehementen Protesten der Öffentlichkeit und der Kölner Presse. Auf nebulöse Beschwerden von »Verwaltungsmitgliedern« hin hatte das Grünflächenamt den Stein entfernen und in einem Bauhof deponieren lassen. All zu substanziell scheinen jene Einwände jedoch nicht gewesen zu sein, denn genauso überraschend, wie er verschwunden war, tauchte der Sprechstein auch wieder auf. Einige Wochen später stand er an seinem alten Platz. Und harrt bis heute derer, die ihn deklamierend besteigen.

Adresse Zwischen Venloer-, Spichern- und Gladbacher Straße | **ÖPNV** Bahn 3, 4, 5, 12, 15, Haltestelle Friesenplatz | **Tipp** Am Nordende des Stadtgartens steht die 1968 aus Kriegstrümmern des alten Kölner Opernhauses errichtete Kirche St. Alban. Interessant ist auch das 1890 erbaute ehemalige Gärtnerhaus des Geländes an der Spichernstraße.

89 St. Adelheid

Der misslungene »Dorfplatz« von Neubrück

Der rechtsrheinische Vorort Neubrück ist ein Produkt des Wirtschaftswunders Anfang der 1960er Jahre. Köln brauchte neuen Wohnraum, und so beschloss man, das ehemalige Rollfeld des Fliegerhorsts Ostheim zu erschließen. Bundeskanzler Adenauer persönlich tätigte den ersten Spatenstich, und nach ihm wurde das neue Viertel dann auch ab 1970 zunächst benannt. Erst im Jahr 1992 erhielt die Konrad-Adenauer-Siedlung offiziell den Namen Neubrück.

Die Mischung von Einfamilienhäusern – oft als Eigentum – und mehrstöckigen Mietwohnungen war damals en vogue. Dahinter stand der Gedanke, verschiedene Bevölkerungskreise zusammenzubringen und so das soziale Miteinander zu fördern. Zudem regierte bei Stadtarchitekten die Idee von autarken Trabantenvierteln fernab des städtischen Zentrums. Dementsprechend wurde Neubrück mit einer vollständigen urbanen Infrastruktur ausgestattet – von der Grundschule über die VHS-Zweigstelle bis zur Stadtteilbibliothek.

Um die Illusion einer gewachsenen Ortschaft perfekt zu machen, erhielt der neue Stadtteil ein zentrales Marktareal, an das eine durchgängige Fußgängerzone anschließt. St. Adelheid, wie der Platz nach der gleichnamigen Kirche getauft wurde, ist allerdings von stupender Hässlichkeit. Schon auf dem Reißbrett hätte man erkennen können, dass hier kein dörfliches Idyll, sondern eher eine betonierte Brache entstehen würde. Der mit Hochbauten verstellte Rundblick ist an Eintönigkeit kaum zu überbieten, die durchgehende Versiegelung lässt keinen Raum für Grünflächen. Und selbst die an sich befreiende Weite des Platzes wurde durch eingestreute Pavillons parzelliert und damit zerstört. Der »Dorfplatz« von Neubrück, so muss man resümieren, liefert das ideale Anschauungsmaterial für eine verfehlte Stadtplanung, die menschliche Bedürfnisse nach Gemütlichkeit und Zerstreuung völlig außen vor lässt.

Adresse St. Adelheid | **ÖPNV** Bahn 9, Haltestelle Autobahn | **Tipp** Neubrücks Naherholungsgebiet beginnt östlich des Neubrücker Rings. An einer Kiesgrube vorbei führt der Grünzug ins dörfliche Rath und mündet schließlich in den Königsforst.

90 Der Stammheimer Schlosspark

Auserlesene Skulpturen, aber kein Schloss

Ein Schlosspark ohne Schloss – das klingt nach einem »echt kölschen« Kuriosum. Und so ist es: Kein Stein erinnert am Stammheimer Rheinufer mehr an den alten Rittersitz, dafür jedoch eine große Menge stattlicher Bäume, eingebettet in eine wunderschöne Parkanlage.

Die Geschichte beginnt mit der Übernahme des Schlosses durch Theodor von Fürstenberg (1772–1828) im Jahr 1818. Die kunstsinnige Familie verschaffte Stammheim den Ruf einer kulturellen Hochburg auf der anderen Rheinseite. Zum Bekanntenkreis der Fürstenbergs zählten unter anderem der Romantiker August Wilhelm von Schlegel und der seinerzeitige Star-Architekt Karl Friedrich Schinkel. 1928 verkaufte der unverheiratete Gisbert von Fürstenberg-Stammheim, wie sich das Geschlecht inzwischen nannte, das Schloss samt Park an die Stadt Köln. Während das Gebäude im Zweiten Weltkrieg restlos zerstört und nicht wieder aufgebaut wurde, machte man sich ab 1952 an die Instandsetzung des Parks.

Heute wie damals betritt man ihn durch ein von zwei steinernen Löwen bewachtes Tor an der Schlossstraße. Was die Anlage noch sehenswerter macht, sind die zahlreichen über das Gelände verstreuten Skulpturen. Seit 2003 nämlich werden hier im Rahmen des Projektes »Rheinblicke« Künstler aus aller Welt dazu eingeladen, ihre Objekte für ein Jahr im Schlosspark zu installieren. Besonderen Wert legen die Organisatoren dabei auf die Einbeziehung der örtlichen Gegebenheiten (Park, Historie, Naturraum) in den künstlerischen Entwurf. Und mögen die Kunstobjekte auch wechseln – zumindest eine Skulptur wird dem Schlosspark noch viele Jahre erhalten bleiben: der archaische, monumentale, rund acht Meter hohe Stumpf einer zweihundert Jahre alten Blutbuche am Westende des Areals.

Adresse Ecke Schloss- und Stammheimer Hauptstraße | **ÖPNV** S-Bahn 6, Haltestelle Stammheim, dort in Bus 152 bis Haltestelle Stammheimer Friedhof/Schlossstraße | **Öffnungszeiten** Ganzjährig | **Tipp** Der Schlosspark grenzt unmittelbar an das Rheinufer, das sich nach Flittard hin zu einer schönen Auenlandschaft verbreitert.

rsula Buchegger: Wolke

91____Der Stavenhof

Die berüchtigte Bordellmeile am Eigelstein

Einst war der Stavenhof so verrufen, dass man ihn sogar als Kneipennamen verschmähte. Peter Baum, um 1920 Präsident der Cölner Brauer-Corporation, war jedenfalls nicht mehr glücklich mit seinem »Stavenbräu« auf dem Eigelstein. Und so erinnerte er sich an jene Steinfigur, die 1885 vom Künstler Christian Mohr an der Eigelsteintorburg befestigt worden war, und nannte sein Brauhaus fortan »Em kölsche Boor«. Marketingtechnisch war dies ein geschickter Schachzug. Denn während der Stavenhof für alle Arten von Laster und Lotterleben stand, symbolisiert der Boor (der Bauer) die Wehrhaftigkeit der Stadt seit der Schlacht von Worringen. Außerdem demonstriert er Kölns Treue zum Reich, festgehalten in der Inschrift: »Halt faß, do kölsche Boor, bliv beim Rich, et fall sös ov sor.«

D'r Stüverhoff, wie er im Kölschen heißt, war über Jahrhunderte hinweg eine berüchtigte Prostituiertenmeile. Die enge, schummrige Gasse mit ihrer hohen Bebauung bot die besten Voraussetzungen für einen virilen Rotlichtbezirk. Und wie kaum eine andere Straße in Köln hat sie sich ihren Charakter bis heute bewahrt. Wer den kurzen Gang vom Gereonswall zum Eigelstein macht, fühlt sich versetzt in ein mittelalterliches, durchaus auch mediterranes Ambiente. Verstärkt wird die Atmosphäre zudem durch die gelungene architektonische Aufforstung des Sträßchens in den letzten Jahrzehnten. 1972 wurde die Innenstadt zum Sperrbezirk erklärt, das neue Großbordell an der Hornstraße entstand. Am Stavenhof grenzen mittlerweile Gründerzeithäuser an postmoderne Bauten, das Wohn- und Atelierhaus im Stavenhof 20 errang sogar einen bedeutenden Architekturpreis.

Pophistorisch verewigt wurde der Stüverhoff durch einen gleichnamigen Song des kölschen Rock-»Asis« (mit Niwoh!) Jürgen Zeltinger. Die Adaption des Lou-Reed-Klassikers »Walk on the wild side« findet sich auf seinem Debütalbum »Die Plaat live im Roxy/ Bunker« aus dem Jahr 1979.

Adresse Zwischen Gereonswall und Eigelstein | **ÖPNV** Bahn 12, 15, 16, 18, Haltestelle Ebertplatz | **Tipp** Wer den Stavenhof noch nicht so bald verlassen möchte, sollte der Kneipe Anno Pief (Nr. 8) einen Besuch abstatten. Ihren Namen trägt sie ganz zu Recht: Das Inventar spiegelt perfekt die Historie der Gasse.

92 Die Südbrücke

Kleinvieh macht auch Mist

Sie ist nicht an den Hauptbahnhof angeschlossen wie ihr großer Bruder, die Hohenzollernbrücke. Ihren Aufgang flankieren keine preußisch-pompösen Reiterstandbilder, und außer wenigen High-Tech-ICEs rumpeln vor allem Güterzüge über ihre Schienen. Schon der Name, wie schlicht er daherkommt: einfach nur Südbrücke.

Und doch strahlt die Südbrücke eine ehrwürdige, frühindustriell-romantische Eleganz aus. Den Übergang bewältigt man am besten zu Fuß, denn die steilen Treppen bringen den schiebenden Radler an den Rand der Erschöpfung. Oben angekommen, wird man belohnt mit einem herrlichen Blick auf den Fluss, die Neubauten des Rheinauhafens und die gegenüberliegenden Poller Wiesen.

Erbaut wurde das Monument in Stein und Stahl zwischen 1908 und 1910. Die Brücke mit ihren wilhelminischen Ufertürmen und den drei zentralen Bögen misst insgesamt 368 Meter und bringt es, zweispurig, wie sie ist, auf lediglich 10,34 Meter Breite. Nach ihrer Zerstörung im Zweiten Weltkrieg verzichtete man beim Wiederaufbau auf dekorative Elemente der Portale und Türme, was sie heutzutage umso schlichter wirken lässt.

Ein Rückblick auf eine Ratssitzung aus dem Jahr 1910 verrät jedoch, wie bedeutend die Südbrücke damals für den städtischen Ost-West-Verkehr war. Drei Jahre vor Baubeginn der Deutzer und ein halbes Jahrhundert vor dem der Severinsbrücke diskutierten die Politiker seinerzeit die Fallstricke des Brückengeldtarifes. Genau genommen ging es um die Frage, ob Hunde zum Kleinvieh zählen und dementsprechend ebenfalls zwei Pfennig pro Überkreuzung zu entrichten hätten. Aus der Rede des Abgeordneten Neven DuMont: »Für das Kleinvieh werden hier 2 Pfennig erhoben (...). Wie steht es aber mit Hunden? Auf der anderen Brücke hat der Pächter tatsächlich versucht, Brückengeld von Hunden zu erheben.« Zahllose Zwischenrufe begleiteten die Debatte, bevor die Verwaltung erklärte: Hunde haben auf der Südbrücke freien Zutritt.

Adresse Linksrheinisch zwischen Agrippina- und Gustav-Heinemann-Ufer, rechtsrheinisch Alfred-Schütte-Allee | **ÖPNV** Bahn 16, Haltestelle Schönhauser Straße | **Tipp** Eine Überquerung könnte in einen Rundgang über die Poller Wiesen und die Severinsbrücke integriert werden.

93 Der Südpark

Grüne Oase im Villenviertel

Größer hätten die sozialen Kontraste dies- und jenseits der Bonner Straße zu Anfang des 20. Jahrhunderts kaum sein können. Während im westlichen Volkspark die Raderthaler Fabrikarbeiterfamilien ein bisschen Frischluft tankten, war der Südpark östlich der Verkehrsader den Marienburger Villenbesitzern vorbehalten. Das zwischen 1891 und 1901 angelegte, kaum fünf Hektar große Areal geht auf den damaligen Kölner Gartendirektor Adolf Kowallek zurück. Mitten auf der Wiese, wo heute ein Spielplatz liegt, stand ab 1910 das schicke Südpark-Restaurant. Auf den Terrassen wurde debattiert und vor allem repräsentiert, während die Grünanlagen selbst nicht betreten werden durften. Der heutige Baumbestand mit Blutbuchen, Platanen, Kastanien- und Maronenbäumen stammt zum Teil noch aus den Gründerjahren.

Die ersten Villen entstanden hier ab Ende des 19. Jahrhunderts. Weil die Stadt von strengen Bauvorschriften absah, entwickelte sich in den folgenden Jahrzehnten eine beeindruckende architektonische Pracht und Vielfalt. Heute zählt Marienburg zu den größten zusammenhängenden Villenvierteln Deutschlands.

Das Wahrzeichen des Parks bildet eine um 1920 entstandene Bronzeplastik von Fritz Behn. Der Bildhauer (1878–1970) war zeitlebens bekannt für seine lebensnahen Tierskulpturen. Im Marienburger Südpark schuf er einen Panther – schleichend, lauernd, offensichtlich im Jagdfieber. Während vergleichbare Großkatzen seinerzeit eher ausladend barock und muskelbepackt gestaltet wurden, kommt Behns Werk ausgesprochen modern daher. Die auf das Nötigste reduzierte Form korrespondiert mit der glatt polierten Oberfläche des Großkatzenkörpers.

Am Nordrand des Parks steht die Pfarrkirche St. Maria Königin, erbaut von Dominikus Böhm 1954. Bemerkenswert ist vor allem die ganz in Glas gehaltene Südwand. Der quadratische Turm (1960) stammt von Dominikus' Sohn Gottfried Böhm.

Adresse Zwischen Leyboldstraße und Am Südpark | **ÖPNV** Bus 132, Haltestelle Arnoldshöhe | **Tipp** Vom Südpark bis zum Raderthaler Volkspark (siehe Seite 138) sind es nur wenige hundert Meter. Am besten folgt man der Leyboldstraße, überquert die Bonner und biegt sodann in die Sinziger Straße ab.

94___Der Thurner Hof

Wo Küchenschelle und Guter Heinrich gedeihen

Wer hin und wieder im Rechtsrheinischen unterwegs ist, dem wird er schon einmal aufgefallen sein: jener weiß getünchte, quadratische Turm, der ein dahinterliegendes Gehöft zu bewachen scheint. Und tatsächlich handelt es sich bei dem heute als Pferdehof genutzten Gelände um eine alte Wehranlage. Sie geht zurück auf die mindestens seit dem 12. Jahrhundert dort ansässigen Ritter »vamme Thurne« (= vom Turm). Strategisch günstig grenzte ihr Sitz gen Norden an den Strunderbach. Thurn, so hieß auch über Jahrhunderte der ganze Weiler, bevor er im Stadtteil Dellbrück aufging.

Das imposanteste Gebäude des Hofes versteckt sich allerdings im rückwärtigen Teil. Das dortige Fachwerkhaus ist das höchste ganz Kölns. Unter dem fast bis zum Boden gezogenen, leicht geschwungenen Satteldach finden vier Stockwerke Platz. In seinem jetzigen Zustand auf das 16. Jahrhundert zurückgehend, stammen die Grundmauern nach Schätzungen von Historikern aus noch älterer Zeit. Den Eindruck, in einem Freilichtmuseum zu wandeln, verstärkt der 1988 angelegte Biogarten zu Füßen des Herrenhauses. Wo vormals ein kahler Parkplatz lag, gedeihen heute auf 7.200 Quadratmetern Wildpflanzen und ökologisches Obst und Gemüse. Der Bauerngarten wurde rund um einen alten Birnbaum herum angelegt, auf den schmale Pfade sternförmig zulaufen. Nach mittelalterlichem Vorbild wachsen hier alte Heilpflanzen wie die Küchenschelle und Wildgemüse wie der Gute Heinrich einträchtig nebeneinander. Auf historische Vorläufer wurde auch bei der Anlage der Streuobstwiese geachtet.

Die vielleicht schönste Metamorphose vollzog der ehemalige Wehrgraben des Rittergutes. Seit der Wiederbewässerung wandelte er sich zu einem vielschichtigen Feuchtbiotop, auf dem unter anderem die unter Naturschutz stehende Gelbe Teich- und die Weiße Seerose blühen. Der Teich wird durch einen kleinen hölzernen Steg erschlossen.

Adresse Mielenforster Straße 1 | **ÖPNV** Bahn 3, 18, Haltestelle Dellbrück/Hauptstraße | **Öffnungszeiten** Der Biogarten ist jeden Samstag ab 12, in den Sommermonaten auch mittwochs ab 16 Uhr geöffnet. Turm und Herrenhaus sind nur von außen zu besichtigen. | **Tipp** Ein hübscher Spaziergang führt die Strunde entlang, wegen der das Rittergut hier ursprünglich errichtet worden war.

95 Die Tiefgarage unter dem Dom

Antike Mauern und ein mittelalterliches Loch

Tiefgaragen sind normalerweise kein Ort, der zu Besichtigungen einlädt. Die unter dem Dom machte da keine Ausnahme, fänden sich dort nicht zwei Relikte aus alten Tagen, die es in sich haben.

Am besten entert man dieses stickige, zwielichtige Reich durch die Parkhaustür über dem U-Bahn-Abgang auf der Domplatte, gegenüber dem Excelsior Hotel. Unten angekommen, fällt der Blick auf einen römischen Mauerrest. Die Beschaffenheit dieses Teils der Stadtmauer ist repräsentativ für ihren gesamten Verlauf: Über einem drei Meter hohen Fundament erhob sich eine 2,40 Meter breite Mauer mit bis zu 7,80 Metern Höhe.

Historisch noch interessanter wird das Monument durch eine kleine Lücke im Mauerwerk, genannt das Annoloch. Erzbischof Anno, ein gebürtiger Schwabe, herrschte seit 1056 über Köln und war seiner Strenge und Cholerik wegen nicht sehr beliebt. Als er 1074 ein Kaufmannsschiff konfiszieren ließ, um einen Gast nach Hause zu bringen, kam es zum Eklat. Der Eigner des Kahns widersetzte sich dem Befehl, und mit Hilfe des alarmierten Volkes vertrieb er die Büttel des Erzbischofs. In der Folge zog der aufgebrachte Haufen vor Annos Palast, der Mann fürchtete um sein Leben. Über verschiedene Schleichwege gelangte er schließlich in ein Haus direkt an der alten Römermauer. Diese wies dort jenes Loch auf, das noch heute unterirdisch zu bestaunen ist.

Ein paar Parktaschen weiter findet sich, verborgen in einem betonierten Wandvorsprung, ein gemauerter Rundbau. Dabei handelt es sich um einen Brunnen aus dem frühen Mittelalter, der einst im Vorhof des sogenannten Hildebold-Doms stand. Fast vier Jahrhunderte lang dominierte dieses romanische Bauwerk das Stadtbild, bevor es 1248 zugunsten des heutigen Kölner Wahrzeichens niedergerissen wurde.

Adresse Unterirdisch zwischen Dom und Kurt-Hackenberg-Platz | **ÖPNV** Bahn 5, 16, 18; Bus 132, jeweils Haltestelle Dom/Hbf. | **Öffnungszeiten** Täglich rund um die Uhr | **Tipp** Während die römischen Mauerreste in der Tiefgarage verblieben, wurde das ebenfalls dort entdeckte östliche Seitentor des Nordtores auf die Domplatte gehoben. Das Haupttor findet sich im benachbarten Römisch-Germanischen Museum.

96 Das Treppenhaus des Spanischen Baus

Ein Halbrund am Meistermann-Fenster

Köln dürfte eine von wenigen Städten auf der Welt sein, die sich gleich drei Rathäuser leisten. Zu nennen sind hier das Historische Rathaus, das Technische Rathaus an der Deutzer Kölnarena und schließlich der Spanische Bau mit dem Ratssaal.

Rein äußerlich kostet es einige Mühe, dieses Gebäude angemessen zu würdigen. Der rot verklinkerte Riegel kommt zunächst sehr unspektakulär daher. Im Innern jedoch wartet Kölns »Neues Rathaus«, wie es früher genannt wurde, mit einigen Highlights auf.

Eine gewisse Anziehungskraft übt der komplett mit Glas überdachte Innenhof aus. Stadthistorisch interessanter ist jedoch ein Schwenk nach rechts zu jener Freitreppe, die hinauf zum Ratssaal führt. Über einen Bogen von 180 Grad windet sie sich in den ersten Stock und am 13 mal 9 Meter großen Fenster des Glasmalers Georg Meistermann vorbei. Die plane Fläche der Glaswand steht in einem spannenden Verhältnis zum Halbrund der Treppe. Auch der Lichteinfall durch die kolorierte Scheibe trägt seinen Teil zur Raumwirkung bei. Darauf dargestellt ist ein Abriss der Geschichte Kölns, markiert durch bedeutende Namen und Ereignisse. Auf diese Art entstand hier ein gewollt lückenhafter, geradezu anarchischer Stammbaum, in dem etwa der Parfümeur Johann Maria Farina auf den Krieger Jan von Werth oder der Politiker Konrad Adenauer auf den Kunstsammler Alexander Schnütgen folgt.

Georg Meistermann (1911–1990), der Schöpfer des Kunstwerks, war einer der herausragenden Glasmaler des 20. Jahrhunderts. In den Nazi-Jahren mit einem kompletten Ausstellungsverbot belegt, gestaltete er in der Nachkriegszeit neben anderem zahlreiche Kirchenfenster. Eine berühmte Sentenz des stets kritischen Geistes lautet: »Ich mache Propaganda für den christlichen Glauben, ich mache ganz sicher keine Propaganda für die Kirche.«

Adresse Rathausplatz | **ÖPNV** Bahn 1, 7, 9, Haltestelle Heumarkt; Bus 132, Haltestelle Rathaus | **Öffnungszeiten** Mo, Mi, Do 8–16, Di 8–18, Fr 8–12 Uhr | **Tipp** Die Neugestaltung der Fenster von St. Gereon (1979–1986) bezeichnete Georg Meistermann als die Krönung seiner Lebensarbeit (siehe auch Seite 64). Die Kirche findet sich ein paar hundert Meter weiter stadtauswärts im Friesenviertel.

97 Das Ubiermonument

Kölns ältestes Bauwerk

Ein zugiges, verkehrsumtostes Areal zwischen Heu- und Waid-markt: Hier findet sich ein unscheinbares, leicht zurückversetztes Tor, durch das man zu Kölns ältestem steinernen Bauwerk gelangt. Das Ubiermonument, ein Turm aus massiven Tuffsteinblöcken, blieb bis in die Höhe von 6,50 Metern erhalten und ruht auf einer Grundfläche von 9 mal 9 Metern. Die Forschung ist sich nicht ganz einig darüber, ob er als Teil der ersten Stadtbefestigung oder als Wachturm für die Hafeneinfahrt der Römersiedlung diente. So oder so lag er direkt am damals noch bis hierhin reichenden Rhein. Bekannt hingegen ist das Alter des erst 1965 entdeckten, heute unterirdisch gelegenen Bauwerks. Dendrochronologische Untersuchungen ergaben, dass die in den Rheinkies gerammten Eichenpfähle, auf denen der Turm ruht, im Jahre 4 n. Chr. gefällt wurden. Einige gut erhaltene Exemplare sind an den Wänden des Ausstellungsraums zu besichtigen. Der ebenfalls exzellente Zustand des Fundaments verdankt sich übrigens nicht zuletzt einer gewitzten Technik der römischen Handwerker: ihr Wasser stets in den Zement abzuschlagen, damit dieser durch das im Urin enthaltene Eiweiß an Festigkeit gewinne.

Seinerzeit firmierte Köln noch unter dem Namen »Oppidum Ubiorum« – ubisches Dorf. Cäsars Truppen hatten die keltischen Eburonen aus ihrem Siedlungsgebiet am Fluss vertrieben. Statt ihrer holten sie die Ubier aus dem Rechtsrheinischen, einen Germanenstamm, der sich Rom bereits bei anderer Gelegenheit gefügig gezeigt hatte. Zur römischen Kolonie, also zur Colonia Claudia Ara Agrippinensium, wurde der Ort erst 50 n. Chr. Kurz darauf begann man mit der Errichtung der gigantischen Stadtmauer, die dann bis ins 12. Jahrhundert als Stadtbefestigung diente. Sie wurde – auch dies ist hier zu besichtigen – direkt an das Ubiermonument angebaut. Unmittelbar neben dem Turm befindet sich zudem ein in die Mauer integrierter Auslass des antiken Abwasserkanals.

Adresse An der Malzmühle 1 | ÖPNV Bahn 1, 9; Bus 132, 133, jeweils Haltestelle Heumarkt | Öffnungszeiten Das Ubiermonument ist nur für angemeldete Gruppen zugänglich. Den Schlüssel erhält man an der Kasse des Prätoriums, Tel. 0221/221-223 94. | Tipp Ergänzend bietet sich ein Besuch des nahen Prätoriums (siehe Seite 156) an.

98 __Der Untere Scheuer-mühlenteich

Ein Dschungel am Rande der bergischen Heideterrasse

Beinahe wie ein illegaler Eindringling fühlt sich, wer zu diesem isolierten kleinen See gelangen will. Rundherum begrenzen die Zäune gewichtiger Institutionen das Gelände, im Norden der Flughafen, im Süden das Deutsche Luft- und Raumfahrtzentrum, im Westen ein Truppenübungsplatz. Und direkt am Ostende verläuft die Stadtgrenze zum Rhein-Sieg-Kreis.

Aber nicht nur das Versteckte ist es, was diesen Ort so attraktiv macht. Denn während rundherum höchste Sicherheitsstufen gelten, herrscht rings um den Teich ein erhabenes, urwaldähnliches Chaos. Schilfdickichte gehen über in morastige Areale, die mit ihren aus dem Wasser wachsenden Bäumen und Sträuchern an die Mangrovenwälder tropischer Dschungel erinnern. Geologisch betrachtet befinden wir uns hier jedoch eigentlich am Rande der bergischen Heideterrasse.

Der Name »Scheuermühlenteich« geht zurück auf eine seit dem 13. Jahrhundert nachgewiesene Mühle am oberen Teich. Weil dieser auf dem Gebiet des Flughafens liegt, ist er nicht zugänglich. 1818 kaufte der preußische Staat das gesamte Gelände auf, um hier einen Exerzierplatz einzurichten. Die zwischenzeitlich mit Dampf betriebene Anlage wurde nach dem Zweiten Weltkrieg leider abgerissen. Bis in die Mitte des 20. Jahrhunderts diente der Untere Scheuermühlenteich als Freibad, später als Löschwassersee für den Flughafen. Inzwischen steht er unter Naturschutz und wird vom Bürgerverein Wahn-Wahnheide-Lind liebevoll betreut. Hier wachsen Stieleichen, Moorbirken und Schwarzerlen, plantschen Enten, Fischreiher und Graugänse. Beobachten lassen sie sich von zahlreichen Bänken aus, ebenso die Angler, die hier von Forellen bis zu Karpfen und Zandern alles fischen, was Süßwasserreservoire hergeben.

Adresse Flughafenstraße, auf der Grenze zwischen Wahnheide und Lind | **ÖPNV** Bus 160, Haltestelle Scheuermühlenstraße (bzw. an Wochentagen weiter bis Kaserne Haupttor) | **Tipp** Der Scheuermühlenteich misst nur etwa 120 mal 170 Meter, verschlungene Wege im Umfeld ermöglichen jedoch einen recht ausgedehnten Spaziergang.

99 Die Villa Schröder

Wo die »Geburtsstunde des Dritten Reiches« schlug

Dreizehnhundert Quadratmeter Nutzfläche und ein noch einmal dreihundert Quadratmeter größeres Grundstück: Die 2010 renovierte Villa Schröder am Stadtwaldgürtel 35 ist ein echtes Renommierobjekt. Mit ihrem Verkündigungsbalkon und den antikisierten Säulen erinnert sie an die architektonische Prunksucht texanischer Ölbarone. Und ein Baron wohnte hier auch in der Weimarer Republik. Der Bankier Kurt Freiherr von Schröder war von Hamburg an den Rhein gekommen, um als angeheirateter Teilhaber in das Kölner Bankhaus J.H. Stein einzusteigen. Seine große Stunde schlug jedoch am 4. Januar 1933.

Ein Geheimtreffen hatte es sein sollen, aber die örtlichen Reporter hatten schnell davon Wind bekommen. Am Stadtwaldgürtel saßen an jenem Vormittag die Herren Schröder, von Papen und Hitler beisammen. Von Papen, der ehemalige Reichskanzler, und Hitler, der kommende, sondierten das Feld der gegenseitigen Machtverhältnisse. Und Bankier Schröder repräsentierte den konservativen Geldadel, dem es darum ging, Deutschland einen starken Führer zu bescheren und davon maximal zu profitieren.

Von einer Kölner »Geburtsstunde des Dritten Reiches« zu sprechen, stimmt dennoch nur bedingt. Hitler und von Papen standen schon vorher in Kontakt, und der Kölner Visite folgten weitere Treffen. Auch hatte Baron Schröder seine Besucher bereits Anfang der 1930er Jahre über den NSDAP-Wirtschaftsberater Wilhelm Keppler kennengelernt. Mit der prestigeträchtigen Gastgeberrolle im Januar 1933 gedachte er nicht zuletzt seine Kölner Karriere voranzutreiben. Im April wurde er unter dubiosen Umständen Präsident der Industrie- und Handelskammer und hatte bis 1945 zahlreiche weitere Wirtschaftsposten inne. Nach dem Krieg und einer dreimonatigen Haftstrafe lebte er bis zu seinem Tod 1966 auf seinem Gut in Schleswig-Holstein. Vor seiner ehemaligen Kölner Villa erinnert heute eine Bronzetafel an das unselige Treffen.

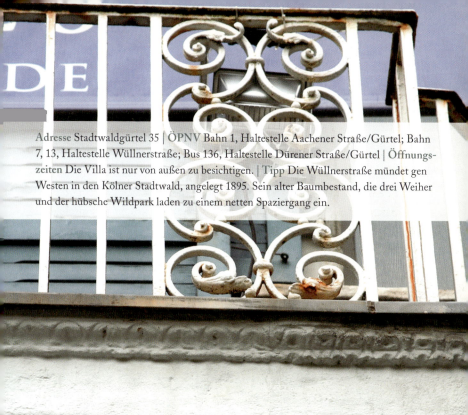

Adresse Stadtwaldgürtel 35 | ÖPNV Bahn 1, Haltestelle Aachener Straße/Gürtel; Bahn 7, 13, Haltestelle Wüllnerstraße; Bus 136, Haltestelle Dürener Straße/Gürtel | Öffnungszeiten Die Villa ist nur von außen zu besichtigen. | Tipp Die Wüllnerstraße mündet gen Westen in den Kölner Stadtwald, angelegt 1895. Sein alter Baumbestand, die drei Weiher und der hübsche Wildpark laden zu einem netten Spaziergang ein.

100 _ Die Wachsfabrik

Wildwuchs, Künstlerateliers und zweihundert
Jahre Industriegeschichte

Eine Schnellstraße im Kölner Süden, links und rechts der Fahrbahn liegen die eintönigen Lagerhallen eines ausgedehnten Gewerbegebiets. Plötzlich jedoch eine archaisch anmutende Einfahrt – Gestrüpp, Pflastersteine und Pfützen heben sich irritierend vom normierten architektonischen Einerlei ab. Mit der Sürther Wachsfabrik tritt man in eine andere Zeit ein, auch in eine andere Zeitrechnung: Statt steriler Steingärten bestimmen wild wachsende Brombeersträucher das Bild, und die Uhren in den dort ansässigen Künstlerateliers ticken deutlich langsamer als die in den sie umlagernden Industriestätten.

Dabei dominierte hier ursprünglich genau das, was heute wieder die Oberhand gewonnen hat. Die Fabrik ist ein Kind der industriellen Revolution, 1812 ursprünglich zur Herstellung von Bleich- und Waschmittel errichtet. 1931 erwarb dann die »Rheinische Wachs-Industrie« das Gelände, um hier zukünftig Kerzen herzustellen. Sechsunddreißig Jahre später musste jedoch Vergleich angemeldet werden. Das Gelände wurde verkauft, die Kerzenproduktion eingeschränkt und in den vorderen Teil der Fabrik verlagert. Ab 1979 übernahmen dann zunehmend Künstler den Standort, dank städtischer Förderung entstanden sechzehn Ateliers. Im Juli 1982 schließlich, ein Jahr nachdem hier die letzte Kerze gefertigt worden war, öffnete das Wachsfabrik-Café seine eiserne Pforte.

Wer sich auf den Weg um die Fabrik herum bis zum hoch aufragenden Schornstein macht, taucht in ein überraschendes, suburbanes Biotop ein. Die kleine Freifläche vor dem Café gleicht einem liebevoll gehegten Blumen- und Kräutergarten. Auch der Innenraum wirkt überaus heimelig, nicht zuletzt im Winter, wenn der alte Industrieofen mit Holzscheiten befeuert wird. Wie manche Werkstücke an den Wänden stammt er aus dem Fundus der ehemaligen Wachsfabrik und verleiht dem Interieur einen beinahe musealen Charakter.

Adresse Industriestraße 170 | **ÖPNV** Bahn 16, Haltestelle Michaelshoven, dann 10 Min. zu Fuß | **Öffnungszeiten** Café: Mo–Sa 14–20 Uhr; Ateliers: siehe www.wachsfabrik-koeln.de | **Tipp** Ebenfalls an der Industriestraße liegt der Eingang zum Rodenkirchener Friedenspark und dem Forstbotanischen Garten (siehe Seite 168).

101 Das Waldbad

Eine Dünnwalder Erfolgsgeschichte

Das Dünnwalder Freibad ist in vieler Hinsicht etwas Besonderes. Da wäre zunächst einmal die Lage: Hier schwimmt man tatsächlich mitten im Wald, der das Gelände komplett umschließt und garantiert, dass jeder Gast auf Wunsch auch ein schattiges Plätzchen unter Bäumen vorfindet. Noch außergewöhnlicher und in Deutschland inzwischen einzigartig sind jedoch die Dünnwalder Besitzverhältnisse. Das Bad gehört nämlich nicht der Stadt, sondern wird bürgerschaftlich betrieben.

Um zu verstehen, was das heißt, muss man ins Jahr 1923 zurückgehen. Damals gründete sich das »Freie Ortskartell Dünnwald« als Zusammenschluss örtlicher Vereine und Organisationen. Bis heute zählen unter anderem der Radfahrverein »Frisch Auf 1906«, der Volkschor »Loreley«, die Arbeiterwohlfahrt, der Freie Gewerkschaftsbund, die Falken und die Dünnwalder SPD zu den Mitgliedern. Ihr Ziel damals: unter Nutzung des vorbeifließenden Mutzbaches ein Schwimmbad für die Bürger im rechtsrheinischen Norden anzulegen. Der Kraftakt gelang, rund 10.000 freiwillige Arbeitsstunden waren dafür vonnöten.

Aber die Nazi-Zeit setzte auch in Dünnwald eine Zäsur. Man enteignete die Träger und taufte die Anlage in »Norkusbad« um. Der erste Vorsitzende, der Stadtverordnete Peter Baum, wurde verhaftet und starb 1944 im KZ Oranienburg. Heute ist dem gelernten Dreher der am Bad vorbeiführende Peter-Baum-Weg gewidmet.

Auch der Wiederaufbau nach dem Krieg wurde von den Dünnwalder Kartellmitgliedern komplett in Eigenregie und ehrenamtlich geleistet. Neben dem Schwimmbecken entstanden ein Campingplatz, ein Restaurant, eine turniertaugliche Minigolfanlage und die beliebte, fünfzig Meter lange Wasserrutsche. Um den Status des Bades und seine Erfolgsgeschichte auch zukünftig weiterzuführen, finden hier inzwischen auch Konzerte und andere Abendveranstaltungen statt.

Adresse Peter-Baum-Weg | **ÖPNV** Bus 154, Haltestelle Waldbad | **Öffnungszeiten** Im Sommer täglich 9–20 Uhr | **Tipp** Ein paar hundert Meter weiter westlich, am Mutzbach entlang, liegt der Dünnwalder Wildpark (siehe Seite 224), der unter anderem mit in freier Natur selten zu beobachtenden Wisenten aufwartet.

102 Der Wasserfall im Volksgarten

Ein künstlicher Dschungel en miniature

Der Volksgarten entstand 1887 bis 1889 als erster Teil des später so genannten Inneren Grüngürtels. Das Gelände lag schon damals zu nah an der Innenstadt, um die Weiterexistenz des preußischen Forts Paul (1816–1825) zu rechtfertigen. Außerdem schränkten die südlich und westlich vorbeilaufenden Bahnlinien die militärische Nutzung ein. Damals als erstes Werk des Militärgürtels aufgegeben, findet sich hier heutzutage das beliebteste Freizeitareal der Südstadt. Sommers tummeln sich täglich bis zu zehntausend Menschen auf der großen Wiese, und die Zahl der hier vertilgten Grillwürstchen dürfte in die Millionen gehen. Was kaum jemand weiß: Die Grüne Oase verdankt sich letztlich einem einzigen Mann, dem Unternehmer und Kommerzienrat Wilhelm Kaesen (1816–1887). Rund um das Fort herum kaufte er sechzig Grundstücke auf, nur um diese sodann zum selben Preis (!) der Stadt zu überantworten. Seine einzige Bedingung war, dass auf dem gut zehn Hektar großen Gelände ein öffentlicher Park errichtet werde. Und so geschah es, in Kaesens Todesjahr machte man sich ans Werk. Die Pläne steuerte der Gartenbauarchitekt Adolf Kowallek (1852–1902) bei, dem Köln unter anderem die Gestaltung des Lindenthaler Stadtwalds verdankt.

Einer der stimmungsvollsten Orte des Terrains ist der kleine Wasserfall am Nordwestzipfel. Das künstlich angelegte Idyll erinnert an eine Dschungel-Miniatur, zugleich schaurig und kitschig wie die artifizielle Tropfsteinhöhle im Neuschwanstein des Märchenkönigs. Vom Rundweg gelangt man über eine Treppe ans Ufer. Ein paar Bänke stehen bereit, die aber – wohl wegen des ewigen Rauschens – selten besetzt sind. Dank der hohen Bäume stets in kühlen Schatten getaucht, sprudelt das Wasser über zwei Kaskaden, staut sich kurz zu einem Teich und mündet dann hinter einem ebenfalls künstlichen Felsentunnel in den Weiher.

Adresse Entlang der Volksgarten- und Vorgebirgsstraße | **ÖPNV** Bahn 12, Haltestelle Eifelplatz | **Tipp** Die Besichtigung von Fort Paul sollte durch einen Gang zur alten Lünette sowie zur Orangerie, ehedem ein Munitionsdepot, ergänzt werden. Beide Bauten finden sich im östlichen Teil des Geländes.

103_Der Wasserturm der CFK

135 Jahre Soda in Kalk

Eingeklemmt vom neuen Polizeipräsidium, vom Einkaufszentrum KölnArkaden und mehreren Parkhäusern steht ein alter Wasserturm. Mit seinen 43,60 Metern überragt er alle übrigen Gebäude und wirkt dennoch erdrückt. Einst qualmten um ihn herum die Schlote der »Chemischen«, wie die Kalker Fabrik im Volksmund genannt wurde. Sie haben keinerlei Spuren hinterlassen, und selbst der Turm, letztes Relikt jener Zeit, erzählt keine Geschichte. Ungenutzt steht er auf verlorenem Posten. Die Pläne, hier ein CFK-Museum einzurichten, liegen seit geraumer Zeit auf Eis.

Hundertfünfunddreißig Jahre lang wurde hier vor allem Soda produziert, ein Salz-Mineral, dessen Qualitäten schon im Altertum geschätzt wurden. Unter anderem nutzte man es zur Trocknung von Leichen als Vorbereitung der Mumifizierung. Bis heute dient Soda als Rohstoff für die Herstellung von Waschmitteln, Farben und Gerbereiprodukten. Die CFK war zeitweise Deutschlands zweitgrößter Soda-Standort, ein Betrieb mit bis zu 2.400 Mitarbeitern.

Die Gründung des Unternehmens datiert ins Jahr 1858; 1904 wurde der Wasserturm hochgezogen. Mit seinen 270 Kubikmetern Fassungsvermögen sollte er die Wasserversorgung des Werkes garantieren, falls es städtischerseits einmal zu Engpässen käme. Nach hinten heraus, wo inzwischen ein kleiner Bürgerpark entstanden ist, künden noch die Straßennamen von der Fabrikgeschichte. Sie sind benannt nach Julius Vorster, dem CFK-Gründer, und nach dem evangelischen Pastor Friedrich Martin Vietor, der hier mit CFK-Geldern ein Krankenhaus errichten ließ. Es sind die Straßen der ehemaligen Chemiearbeiter, angelegt für den direkten Weg ins Werk. Zu Hunderten strömten sie hier zu jedem Schichtwechsel durch die Tore, bevor dann 1993 endgültig »Schicht« war. Die CFK machte dicht und wurde abgerissen. Und auf den Stufen des verwaisten Wasserturms sitzen heute keine Malocher mehr, sondern qualmende Verkäuferinnen – die KölnArkaden sind rauchfrei.

Adresse Kalker Hauptstraße, zwischen KölnArkaden und Bürgerpark | **ÖPNV** Bahn 1, 9, Haltestelle Kalk-Post | **Öffnungszeiten** Der Turm ist nur von außen zu besichtigen. | **Tipp** In historisch-räumlichem Kontext zum Wasserturm stehen die alten Fabrikarbeiter-Straßenzüge: die Peter-Stühlen-, Vorster- und Vietorstraße.

104_Der Weißer Rheinbogen

Schwemmsand aus dem Holozän

Der Rheinbogen im Süden der Stadt wurde bis in die späten 1950er Jahre ausschließlich für Ackerbau und Viehzucht genutzt. 1960 begannen dann jene weiträumigen Aufforstungen, die dem Spaziergänger heute einen NRW-weit einzigartigen Auenwald mit vielen kleinen Biotopen bieten. Daneben dient er dem Trinkwasserschutz und als Lebensraum für zahlreiche Pflanzen und Tiere.

Vor allem aus der Luft lässt sich erkennen, dass der Weißer Rheinbogen noch natürliche Formen aus der jüngsten Erdgeschichte, dem Holozän im Quartär (9700 v. Chr. bis heute) aufweist. Durch Überschwemmungen und Verlagerungen des Flussbettes hat der Rhein damals damit begonnen, eine rund dreißig Meter dicke Schicht aus Kies, Lehm und Schwemmsand aufzubauen. Sie liegt über den weitgehend wasserundurchlässigen Tertiärablagerungen. Das wellige Profil des Areals bildet die typische Oberfläche von Überschwemmungsgebieten, wie man sie im Kleinformat auch bei Ebbe etwa im Wattenmeer beobachten kann.

Wie die Nachbarorte Rodenkirchen und Sürth liegt Weiß auf der untersten Terrasse des Rheintals, nur vierzig bis fünfzig Meter über dem Meeresspiegel. Immer wieder suchte sich der anschwellende Rhein deshalb seinen Weg durch die erwähnten Flutrinnen und beschwor so Katastrophen herauf.

Große Überschwemmungen und Zerstörungen sind zum Beispiel aus den Jahren 1496, 1784 und 1819/20 bekannt. 1995, beim bislang letzten »Jahrhundert-Hochwasser«, war der Ort beinahe komplett umschlossen von überfluteten Flächen. Hauptproblem war dabei nicht der Fluss selbst, sondern das aufsteigende Grundwasser. Bis zur Höhe Ludwigstraße, also rund achthundert Meter landeinwärts, wurden damals Häuser in Mitleidenschaft gezogen.

Inzwischen scheint die Gefahr jedoch gebannt. Neue Hochwasserschutzdämme sorgen dafür, dass das Dorf zukünftig bis zu einer »Jahrtausend«-Höhe von 11,30 Metern geschützt ist.

Adresse Im Norden und Osten von Weiß | ÖPNV Bus 130, 131, Haltestelle Weißer Hauptstraße, oder 135, Haltestelle Uferstraße | Tipp Am Pflasterhofweg in Weiß legt die Rheinfähre nach Zündorf ab (siehe »111 Kölner Orte«, Band 2, Seite 108).

105 __ Die Weiße Stadt
Sozialer Wohnungsbau im Bauhausstil

Die architektonisch auch heute noch imposante Siedlung entstand Anfang der 1930er Jahre für ärmere Bevölkerungsteile. Bereits 1926 hatte die Gemeinnützige Aktiengesellschaft für Wohnungsbau (GAG) zu diesem Zweck das sogenannte »Kalker Feld« erworben: 180.000 völlig unbesiedelte Quadratmeter im Rechtsrheinischen. Wie der Name Buchforst schon andeutet, hatten sich hier über Jahrhunderte eher Fuchs und Hase als Herr Müller und Frau Schmitz Gute Nacht gesagt. Aber die immer zahlreicher gewordenen Industriebetriebe in den angrenzenden Stadtteilen Kalk und Mülheim sorgten für erhöhten Wohnraumbedarf. Und so entstand also jene Zeilenbausiedlung mit fünfgeschossigen Mehrfamilienhäusern, ganz in Weiß und streng an den zweckgebundenen Vorgaben der Bauhaus-Architekturschule orientiert.

Ein echtes Unikat stellt die katholische Pfarrkirche St. Petrus Canisius an der Ecke Cusanus- und Voltastraße dar. Sie ist die einzige Kölner Kirche im Bauhaus-Stil und wie die ganze Siedlung nach Plänen von Wilhelm Riphahn entstanden. Übliche Vorstellungen von Kirchenbau wurden hier konsequent über Bord geworfen. Auch heute noch kommt der eckige, fern an einen Aufzug erinnernde Kirchturm mit seinen aufgenieteten weißen Platten recht ungewöhnlich daher. Desgleichen die einer Turnhalle nicht unähnliche Strukturierung der Fassade mit ihren hochgelegenen kleinen Fenstern. Nach ihrer Zerstörung 1944 wurde die Kirche von Dominikus und Gottfried Böhm wieder aufgebaut.

Auch die Siedlung wurde im Zweiten Weltkrieg stark beschädigt, danach jedoch mehrfach restauriert. Wer die architektonischen Sünden im sozialen Wohnungsbau der Nachkriegszeit kennt, wird diese Wiederaufbauarbeit zu schätzen wissen. Und deswegen lohnt auch ein Spaziergang durch die Weiße Stadt: Seit der letzten Renovierung 2008 wirkt sie wieder so frisch und modern, als sei sie erst gestern erbaut worden.

Adresse Zwischen Heidelberger, Waldecker und Kopernikusstraße | **ÖPNV** Bahn 3, Haltestelle Waldecker Straße; S 6, S 11, Haltestelle Buchforst S-Bahnhof | **Tipp** Ein zweiter äußerst ungewöhnlicher Sakralbau findet sich an der Kopernikusstraße. Die Auferstehungskirche entstand 1967 auf dreieckigem Grundriss und verfügt über ein ebenfalls dreieckiges, schräg ansteigendes Dach. Mangels protestantischer Kirchgänger ist sie inzwischen geschlossen.

106 — Die Westterrasse des Museum Ludwig

Auf Augenhöhe mit dem Domchor

Picasso, Pop und zeitgenössische Kunst: Das Museum Ludwig ist immer einen Besuch wert. Und im Gegensatz zu vielen anderen Museen gibt es hier auch die Möglichkeit, sich zwischenzeitlich zu erholen. Auf den beiden Dachterrassen im zweiten Obergeschoss treten die Gemälde und Objekte in Kontakt zum realen Köln-Panorama, und statt der Museumsluft weht einem eine urbane Brise um die Nase.

Ganz frei von Kunst und Geschichte ist man hier jedoch auch nicht. Sind es auf der Südterrasse die drei Skulpturen von Otto Freundlich, Per Kirkeby und A.R. Penck, die die Blicke auf sich ziehen, so ist es auf der westlichen Freifläche vor allem der Dom. Nirgendwo sonst hat man die Gelegenheit, der Kathedrale so nah zu sein und ihr zudem beinahe auf Augenhöhe zu begegnen. Der Ostchor, dem man hier gegenübersteht, wirkt wie ein wild wucherndes Korallenriff, monumental in der Totalen, filigran im Detail. Erst ganz allmählich treten die Konturen von Türmen, Streben, Bögen und Fenstern aus dem scheinbaren Chaos hervor. Zugleich handelt es sich bei diesem Gebäudeteil um den ältesten des ganzen Doms. Als man sich 1248 ans Werk machte, begann man mit dem Chor, also jenem wichtigen Areal, in dem der Hauptaltar und die Bereiche für die Geistlichen untergebracht werden sollten. 1560 war dann erst einmal Schluss, aus Mangel an weiteren Geldern und Interesse kam es zum Baustopp. Der Ostchor blieb für dreihundert Jahre der einzige wirklich vollendete Abschnitt des Doms.

Wer sich sodann wieder dem Museumseingang zuwendet, springt von den Dachspitzen der Gotik in die Gegenwart, der Blick fällt auf die markante Firstgestaltung des Ludwig mit ihren gezackten Wellenrippen. Und hinter der Tür warten dann wieder: Picasso, Pop und zeitgenössische Kunst.

Adresse Bischofsgartenstraße 1 | **ÖPNV** Bahn 5, 16, 18; Bus 132, jeweils Haltestelle Dom/Hbf. | **Öffnungszeiten** Di–So 10–18, jeden ersten Do im Monat 10–22 Uhr | **Tipp** Auch jenseits der Dachterrassen bietet das Museum Ludwig immer wieder schöne Kölnansichten. Der Blick durch eines der vielen Panoramafenster und die Betrachtung der ausgestellten Kunst befruchten sich gegenseitig.

107 Das Westwerk von St. Pantaleon

Theophanu, die kölsche Griechin

Westwerke entstanden hauptsächlich im frühen und hohen Mittelalter, beginnend mit der karolingischen Zeit. Sie zeugen von einem neuen Selbstbewusstsein der weltlichen gegenüber den kirchlichen Herrschern. Während der Klerus den Gottesdienst traditionell vom Chor aus, also im Osten, verfolgte, saßen im Westwerk die Könige und Fürsten. Die oft monumentalen Anbauten waren zum Kircheninnern hin offen und mit Stockwerken versehen. Von ihren Emporen aus blickte der Adel dadurch sogar auf die gegenübersitzenden Kleriker hinab.

Das imposante Westwerk von St. Pantaleon dient heutzutage als Lapidarium (eine Sammlung von Steinwerken) der Kirche. Ausgestellt sind hier unter anderem die Reste jener überlebensgroßen Figuren, die einst die Außenfassade schmückten. Von der Brüstung aus genießt man einen im historisch wahrsten Sinne des Wortes hochherrschaftlichen Überblick über die gesamte Kirche.

Geschichtlich interessant wird dieser Annex erst recht durch seine Initiatorin. Die gebürtige Griechin Theophanu war eine der bedeutendsten Frauen des Mittelalters. Im Alter von sechzehn Jahren (andere Quellen sagen: zwölf) wird die oströmische Prinzessin mit Otto II., dem Sohn von Kaiser Otto dem Großen, verheiratet. Als Otto II. im Jahr 983 überraschend stirbt, steigt sie zur Kaiserin des Heiligen Römischen Reiches auf. Der hochgebildeten Frau wird in historischen Schriften eine ausgesprochen weise und umsichtige Regentschaft nachgesagt. Auch sie stirbt jedoch schon 991, mit sechsunddreißig Jahren. Ihrem Wunsch gemäß wird ihre Leiche nach Köln überführt und in St. Pantaleon bestattet – Pantaleon war ihr Lieblingsheiliger. Ihr edler Sarkophag aus weißem griechischem Marmor steht heute genau vor jenem Türchen, das hinauf in Theophanus Westwerk führt.

Adresse Am Pantaleonsberg | **ÖPNV** Bahn 12, 15, 16, 18, Haltestelle Eifelstraße | **Öffnungszeiten** Kirche: Mo–Fr 9–18, Sa 9–16, So 12–18 Uhr. Das Westwerk ist nur nach Absprache mit dem Pfarramt zu besichtigen, Tel. 0221/31 66 55. | **Tipp** St. Pantaleon liegt wie eine Insel im Großstadtverkehr. Das ausgedehnte Klostergelände bietet lauschige Ruhezonen und viele weitere architektonisch interessante Aspekte.

108_Der Wildpark Dünnwald

Urviecher mit empfindlichen Nasen

Nichts gegen Damwild, Wildschweine und Ziegen, aber die gibt es in fast jedem Tierpark. Was jedoch das Dünnwalder Gehege so einzigartig macht, ist ein Tier von gewaltigen Ausmaßen, ein Rindvieh von bis zu zwei Metern Höhe und über drei Metern Länge. Ausgewachsene Exemplare bringen eine gute Tonne auf die Waage.

Das Tier ist so selten, dass viele nicht einmal seinen Artikel und den Plural kennen: Heißt es »der« oder »das« Wisent, die »Wisents« oder die »Wisente«? Tatsache ist, dass diese Rinderart schon im 18. Jahrhundert als so gut wie ausgestorben galt. Lediglich in Polen hatten wenige hundert Vertreter überlebt, bevor auch dort der endgültige Exitus vermeldet werden musste: Am 9. Februar 1921 starb das letzte frei lebende Exemplar.

Beim Wisent handelt es sich um den europäischen Bruder des Bisons. Die beiden Rinderarten lassen sich uneingeschränkt kreuzen, sogar ihre Namen gehen auf dasselbe Wort zurück. Mit Hilfe von Rückzüchtungen und dem Aufkauf von in Gefangenschaft lebenden Tieren gelang es der 1923 gegründeten »Gesellschaft zur Rettung des Wisents«, die europäische Population bei heute gut dreitausend Exemplaren zu stabilisieren.

Die Dünnwalder Herde verdankt sich einer Kooperation des Kölner Zoos mit der rechtsrheinischen Försterei: Die Tiere wurden im Rahmen einer Landverschickung in die Stadtranderholung entlassen. Hier leben sie heute in einem geräumigen Freigehege, umgeben von einem starken Doppelzaun. Wer das Glück hat, solch einem Urviech aus nächster Nähe in die Augen zu sehen, der erlebt einen archaischen Moment. Der geduckte Schädel unter dem hoch aufragenden Widerrist symbolisiert geballte Kraft, während aus den großen, braunen Augen eine geradezu anrührende Sanftheit strömt. Aber Achtung: nicht zu tief ausatmen, denn Kaltluft auf ihre immerfeuchte Nase mögen sie gar nicht!

Und übrigens: Es heißt »der« Wisent, Mehrzahl »Wisente«.

Adresse Zwischen Kalkweg, Dünnwalder Mauspfad und An der Walkmühle | **ÖPNV** Bus 154, Haltestelle Wildpark | **Tipp** Nahebei findet sich das idyllisch gelegene Waldbad Dünnwald (siehe Seite 210). Am Nordrand des Dünnwalder Waldes entstand aus einer alten Kiesgrube das Naturschutzgebiet »Am Hornpottweg« (siehe »111 Kölner Orte«, Band 2, Seite 14).

109_Die Zechenbrauerei

Sünner aus Kalk, Erfinder des »Kölsch«

Durch das große Panoramafenster an der Kalker Hauptstraße sieht man die kupferne Würzepfanne, Teil der Brauanlagen. Darüber der Schriftzug »Zechenbrauerei«, flankiert von Schlägel und Eisen, den Symbolen des Bergbaus. Der Name ist insofern widersprüchlich, als hier zwar immer gern gezecht, aber nie eine Zeche betrieben wurde.

Als Christian Sünner dieses Gelände 1858 erwarb, waren die Stollen gerade aufgegeben worden. Schon während des Baus war so viel Grundwasser eingedrungen, dass hier nie nach Kohle geschürft werden konnte. Die angenehmen Nebeneffekte für den Bierbrauer: Das Wasser war so rein, dass es bis heute die Basis für den beliebten Gerstensaft bildet; und bevor man sich 1888 eine hochmoderne Eismaschine zulegte, dienten die tiefen, stets kühlen Stollenkeller zur Lagerung des winters geschlagenen Eises, mit dem man bis in den Sommer die Fässer kalt hielt. Die Brauerei boomte, und das angeschlossene Gartenrestaurant »Zur Zeche« entwickelte sich zu einem bevölkerten Ausflugsziel. Bis zum Jahr 1900 stieg die Produktion auf 70.000 Hektoliter.

Als richtungsweisend und für die Kölner Historie von kaum zu überbietender Bedeutung erwies sich eine PR-Maßnahme von 1918. Bereits seit 1906 hatte Sünner ein obergäriges, helles Bier im Angebot. Zwölf Jahre später ging man dann dazu über, es mit dem Zusatz »Echt Kölsch« zu bewerben. Ein Bier, das seine Herkunft im Namen trug! Der Coup erwies sich als so erfolgreich, dass er nach und nach von allen Kölner Brauereien übernommen wurde. »Kölsch« als Markenname war geboren und setzte sich bis in die 1960er Jahre flächendeckend durch. Im März 1986 verabschiedete der Kölner Brauerei-Verband die »Kölsch-Konvention«, seither sind allein seine Mitglieder berechtigt, diesen rheinischen Gerstensaft zu brauen. 1997 schließlich deklarierte die EU »Kölsch« zu einer europaweit geschützten Herkunftsbezeichnung.

Adresse Kalker Hauptstraße 260 | **ÖPNV** Bahn 1, 9, Haltestelle Kalk-Kapelle | **Öffnungszeiten** Mo–Sa ab 12, So ab 11 Uhr | **Tipp** Der alte Zechen-Biergarten wurde 1996 wiedereröffnet. Im Sommer 2009 wurde zudem der große Gewölbekeller für den Ausschank freigegeben. Unter www.suenner-brauerei.de können Brauereibesichtigungen gebucht werden.

110 Zum Dode Mann

Die St.-Amandus-Kirche in Rheinkassel

Rheinkassel ist ein Örtchen von gerade eben tausend Einwohnern. Dass es tatsächlich zu Köln gehört, dürfte einem nicht geringen Teil der hiesigen Bürger gänzlich unbekannt sein. Und tatsächlich ähnelt das Rheinkasseler Dorfidyll eher einem Weiler am Niederrhein als einem Veedel der Großstadt. Um den Kontrast zu verstärken, nähert man sich dem Ort am besten über die Edsel-Ford-, die Robert-Bosch- und die Feldkasseler Straße. Man passiert also das riesige Areal des Autokonzerns, sodann ein Industriegebiet, in dem unter anderem die Brauerei Früh ihre Fässer abfüllt, um irgendwann durch eine Kurve gen Rheinkassel zu fahren – und damit in eine andere Welt mit Feldern, Wiesen und Pferdeweiden.

Die romanische Kirche St. Amandus (12. Jahrhundert), direkt an den Flussauen, versinnbildlicht das Rheinkasseler Inseldasein wie kein anderes Gebäude. Steinern, ruhig und selbstbewusst markiert ihr quadratisch-gedrungener Turm das Dorfzentrum, und doch: Ein Detail der rosa-weißen Fassade irritiert das Auge des Betrachters. Denn knapp drei Meter über dem Boden wurde ein Totenkopf ins Mauerwerk integriert.

Der Überlieferung zufolge war der »Dode Mann« als Wasserleiche an den Kirchenhügel geschwemmt worden. In seinen Taschen fand sich nicht nur eine Menge Gold, sondern zudem ein Testament. Sein Letzter Wille besagte, dass er hier beerdigt und auf seinem Grab ein Gotteshaus errichtet werden solle. Vor allem bei Rheinschiffern, deren Zunft auf der Höhe von Rheinkassel so manches Opfer zu beklagen hatte, sprach man fortan von der »Dotemannskirche«. Später wurde daraus kurz »Zum Dode Mann«.

Jenseits der Legende fanden sich bei Renovierungsarbeiten in den 1970er Jahren ganz handfeste Beweise für die Nähe von St. Amandus zum Reich der Toten: ein Schädel unter dem Mittelschiff, eine mit zwei Leichen bestückte Gruft unter dem Chor und zwei römische Särge unter der Sakristei.

Adresse Amandusstraße | **ÖPNV** Bahn 12, Haltestelle Merkenich; Bus 121, Haltestelle Rheinkassel | **Öffnungszeiten** Do 17.30–18.30 | **Tipp** Rheinkassel verfügt über einige interessante historische Denkmäler, etwa das Wegekreuz von 1807 Ecke Feldkasseler Weg/Alte Römerstraße und die ebenfalls an Letzterer gelegene Barbarakapelle von 1873.

111 Das Zwischenwerk VIII b

Festungsmuseum und Skulpturenpark

Ein Ort im Niemandsland zwischen den Verkehrsadern Militär-ring, Rheinuferstraße und Rodenkirchener Autobahnbrücke. Ein-sam und teilweise überwuchert steht hier der südliche Abschluss des ehemaligen Äußeren Festungsgürtels der Stadt, das Zwischen-werk VIII b. Der Sieg im Krieg gegen Frankreich 1870/71 hatte die Preußen dazu bewegt, ihre westliche Vorhut Köln noch einmal zu verstärken. Fünfzig Jahre lang war der Militärring ein massives Bollwerk mit steinernen Forts, Lünetten und Bastionen gewesen. Nur wenig davon blieb erhalten, nachdem die Anlagen 1926 gemäß Bestimmungen des Versailler Vertrages geschleift werden mussten.

Das Zwischenwerk am Rheinufer dient inzwischen als Kölner Festungsmuseum, das die gesamte Geschichte der Militäranlagen dokumentieren will. Im Innern mit seinen zahllosen kleineren und größeren Gewölben erlauben historische Abbildungen, Alltags- und Militärgerätschaften einen Einblick in die Zeit, als hier noch Solda-ten ihr Dasein fristeten.

Einen Sprung in die Gegenwart ermöglicht hingegen der 1985 installierte Skulpturenpark in der umlaufenden Grabenanlage. Die Exponate des Kunstraums Fuhrwerkswaage konzentrieren sich aus-schließlich auf Beton, Stahl und Erde. Sehr eindrucksvoll ist etwa die 16 Meter lange und 2,70 Meter hohe Wand des Initiators Jochen Heufelder, bestehend aus mehreren vor sich hin rostenden Stahlplat-ten. Der »Zahn der Zeit« kommt einem hier genauso in den Sinn wie das Leben in den engen, feuchten, nur von schummrigem Licht erhellten Kasematten. Nur noch zu erahnen ist hingegen der dem städtischen Sparzwang zum Opfer gefallene Rosengarten auf dem Dach der Bastion. Während der sehr informativen Führungen wird auch die Mechanik der restaurierten Klappbrücke demonstriert, der letzten ihrer Art in ganz Deutschland.

Adresse Militärring 10, nahe Rheinufer | **ÖPNV** Bahn 16, Haltestelle Heinrich-Lübke-Ufer | **Öffnungszeiten** Jeden ersten Samstag im Monat im Rahmen von Führungen (12, 14, 16 Uhr) | **Tipp** Spannend ist ein Besuch der nächstgelegenen preußischen Festungsanlagen: Während Fort VII hinter dem Kalscheurer Weiher (siehe Seite 108) verfallen dahindämmert, präsentiert sich Fort VI am Decksteiner Weiher in beinahe unveränderter Beschaffenheit.

Heinz-Günter Prager: Doppelstück 4/85

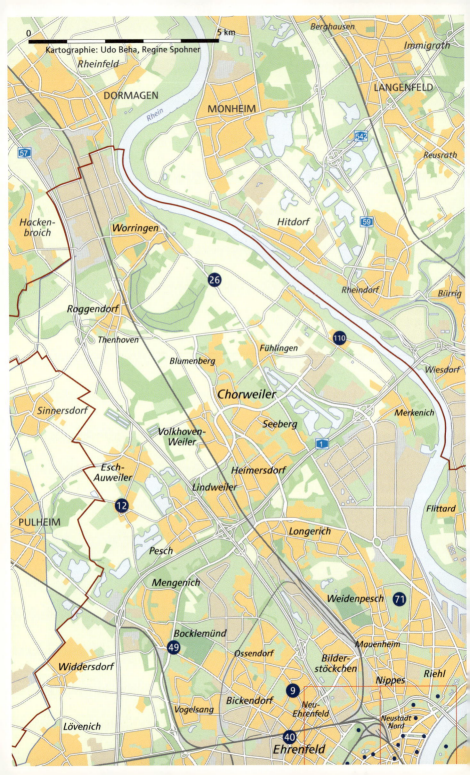

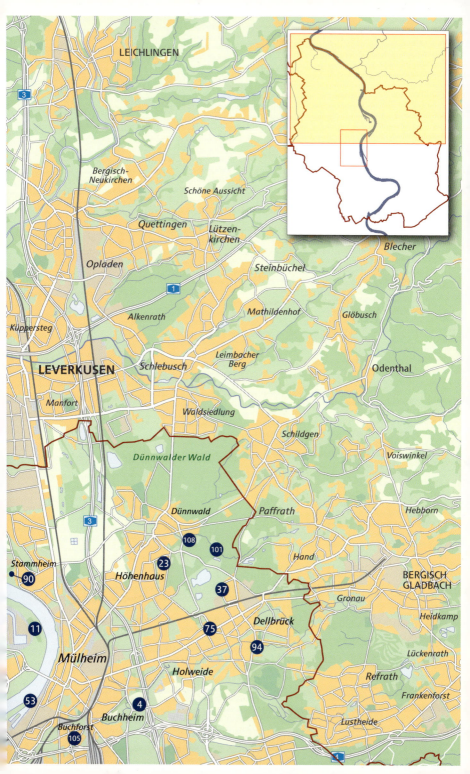

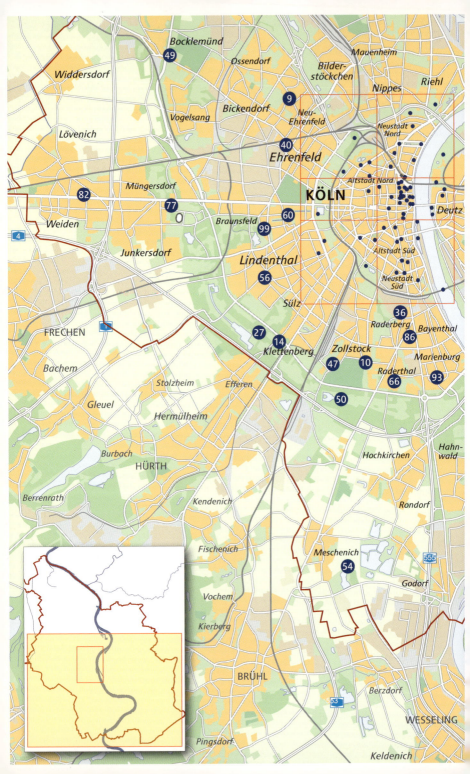

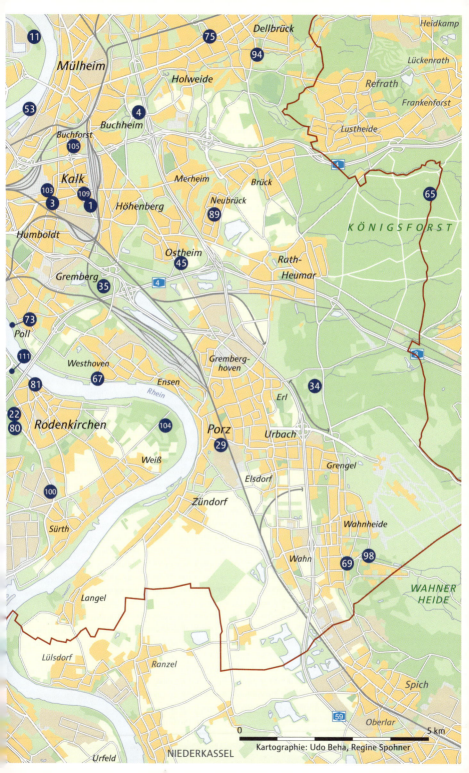

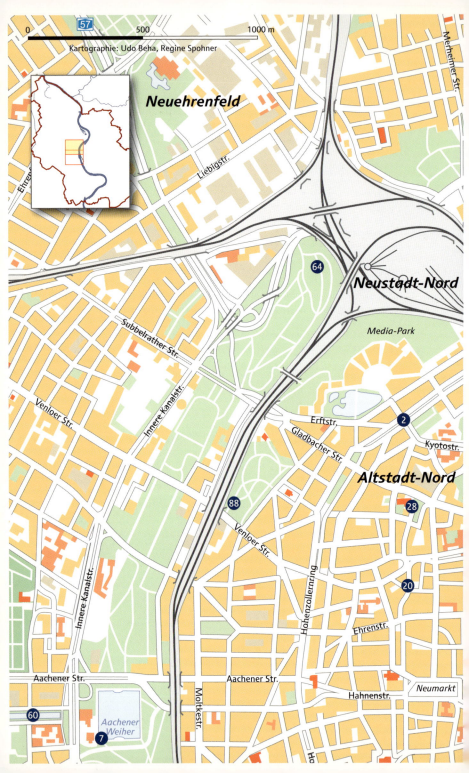

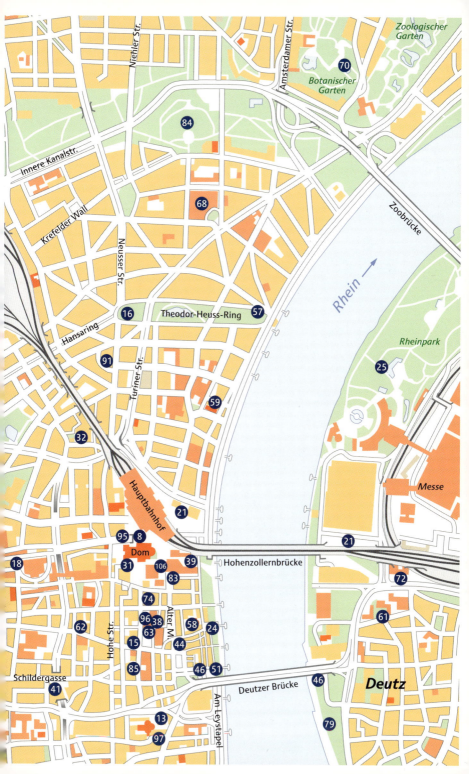

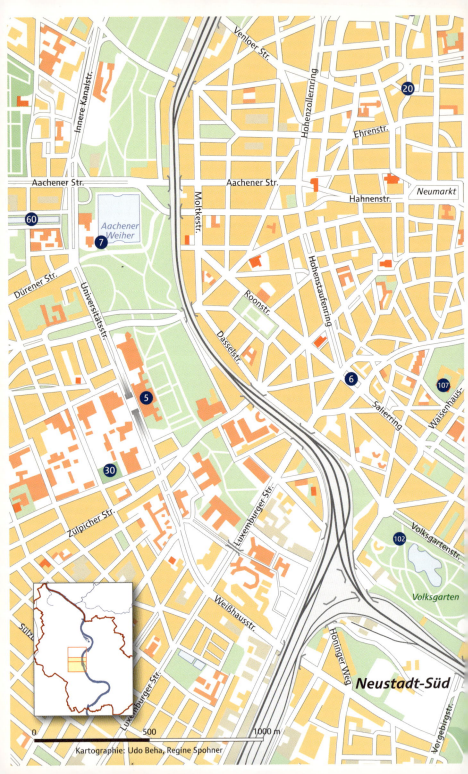